Helmut Gollwitzer · Veränderung im Diesseits

Helmut Gollwitzer

Veränderung im Diesseits

Politische Predigten

Chr. Kaiser Verlag

 ISBN 3-459-00843-1
 – Umschlag: Ingeborg Geith & Willem Weijers. – Gesamtherstellung: Buch- und Offsetdruckerei Georg Wagner, Nördlingen. – Printed in Germany.

INHALT

I. Aufbruch zu neuem Leben

BARMHERZIGKEIT UND RECHT

Halte fest an Barmherzigkeit und Recht und hoffe stets auf deinen Gott! Hos. 12,7

Wenn wir über dies Wort jetzt beim Hören gleich ein bißchen nachgedacht haben, dann müssen wir eine leichte Enttäuschung empfinden, daß dies das erste Gotteswort ist, das uns zu Beginn dieses Jahres zugerufen wird. Wenn wir diese Enttäuschung nicht empfinden, dann ist das wahrscheinlich ein Zeichen, daß wir noch nicht genügend über dieses Wort nachgedacht haben. Denn unsere Frage zu Beginn des neuen Jahres, eines neuen Zeitabschnittes – ob das nun nur ein Kalenderjahr ist oder ein viel wichtigerer Einschnitt und Abschnitt in unserm Leben, etwa ein neuer Lebensanfang im Beruf, an einem neuen Ort oder irgend so etwas, – unsere Frage ist: Was wird uns die Zukunft bringen?
»Sicher in die siebziger Jahre«, das war ein Wahlslogan. Wenn das einer von uns jetzt hier für sich persönlich sagen würde, würden wir alle ihn wahrscheinlich verwundert anstarren. Wer ist hier, der aufstehn kann und sagen kann: ich gehe sicher in die siebziger Jahre? Die »Frankfurter Allgemeine« schrieb in den letzten Tagen einen sehr pessimistischen Artikel über die Lage in den USA mit den Worten: »Finster in die siebziger Jahre!«. Nun gebe es Gott, daß nicht viele unter uns dem sich gleich anschließen müssen: »Ich gehe finster in die siebziger Jahre.« Aber eines haben wir alle gemeinsam: wir gehen

ungewiß in eine undurchdringliche Zukunft, undurchdringlich wie immer, und darum fragen wir: Was wird die Zukunft uns bringen?
Wenn wir schon ein bißchen vom Evangelium gehört haben, dann sind wir belehrt genug, um diese etwas törichte Redeweise rasch wieder fallen zu lassen – denn die Zukunft ist kein Mensch, der uns etwas bringen kann –, und stattdessen fragen wir: Was wird der lebendige Gott, von dem das Evangelium uns sagt, was wird der uns bringen? Wird er uns bringen, was wir brauchen, oder wird er uns nehmen, was wir brauchen?
Wenn wir mit dieser Frage dorthin gehen, wo wir sein Wort hören und mit einander auslegen, dann geschieht uns bei dieser Jahreslosung: Der Spieß wird umgekehrt und an uns wird die Frage gerichtet: Was werdet ihr mir bringen? Und das ist identisch mit der Frage – nicht: Was wird die Zukunft uns bringen? sondern: Was werden wir in die Zukunft hineinbringen? Diese Frage also will die Jahreslosung in den Mittelpunkt unseres Neujahrsdenkens rücken: Was werden wir hineintun in die Zukunft? Was werdet ihr mir bringen? fragt Gott.
Nun hindert uns diese Jahreslosung sofort daran, eine Unterscheidung zu machen, die in den Religionen immer wieder geschehen ist und auch im Christentum, nämlich die Unterscheidung zwischen den Gaben, die wir Gott bringen, und den Gaben, die wir den Menschen bringen. Das ist eine fürchterliche Unterscheidung und eine ganz unchristliche und unbiblische. Hier lernen wir das. Die Menschen haben Gott schon unerhörte Gaben gebracht. In früheren Zeiten, die wir als die religiösen preisen, haben sie Gott Gaben über Gaben gebracht, riesige Dome, in jahrzehnte-, ja jahrhundertelanger Arbeit errichtet, ganz Städte und Landstriche sind daran arm geworden. Askese, Fasten, Selbstpeinigung, Gebete, Gottesdienste, Glaubensbekenntnisse, auch Glaubenszwang leider gegen andere Menschen, alles zur Ehre Gottes,

Gott dargebracht – soviel, daß dann schließlich für die Menschen kaum mehr etwas übrig blieb. Um die ragenden Dome herum bückten sich die Hütten des mittelalterlichen Proletariervolkes, geschundene, ausgebeutete Leute, für die nichts mehr übrig geblieben war. Um das christliche Abendland herum, das den anderen Völkern die christliche Botschaft brachte, sie von ihren Göttern abbrachte und sie diesen lebendigen Gott verehren lehrte, wurden von jenem christlichen Abendland die gleichen Völker so ausgebeutet, daß diese koloniale Ausbeutung heute einer der Gründe für unseren Wohlstand und deren Elend ist. So hat man Gott gegeben und für die Menschen nichts mehr gehabt oder Gott gegeben und den Menschen genommen.

Die Jahreslosung will uns einschärfen: Was interessiert Gott wirklich an uns? Da wird hier nur eines genannt, etwas ganz Irdisches, Diesseitiges, Jetziges: *»Barmherzigkeit und Recht«*. Wo wir den Menschen etwas nehmen, um es Gott zu geben, verwirft Gott das. Vom Himmel her gesehen, ist die Geschichte der Christenheit voll von Gaben der Frömmigkeit, die wir rühmen, aber die vom Himmel her verworfen sind, weil man Gott nur etwas schenken kann, so sagt die Jahreslosung, indem man den Menschen etwas schenkt. Gott steht hinter den Menschen, und nicht an den Menschen vorbei, sondern durch die Menschen hindurch dürfen wir Gott etwas bringen. Was? »Barmherzigkeit und Recht«.

Warum das so zentral ist, und wie zentral das ist, können wir sofort ermessen, wenn wir unser eigenes Interesse befragen, unser Interesse an Barmherzigkeit und Recht. Jeder von uns macht Fehler und hat Fehler: Seid barmherzig mit uns! Wir kommen nicht mehr mit im Konkurrenz- und Leistungskampf! Seid barmherzig mit uns! Wir werden alt und krank! Ihr Gesunden und Jungen, seid barmherzig mit uns!

Wir haben unsere Rechte an Eigentum, an Meinungsfreiheit, vielerlei Rechte, und berufen uns darauf. Und wir haben es erfahren: wo ein Staat das Recht bricht, und wenn er nur eine kleine Gruppe, nur ein paar hunderttausend Juden außerhalb des Rechtes stellt, dann wird er ein Räuber- und Mörder-Staat, und kein Mensch ist in ihm seines Lebens mehr sicher.

»Barmherzigkeit und Recht« sind also zentral für unser Leben. Nun nimmt Jesus unser eigenes Interesse und macht das zum Maßstab dessen, was wir den Menschen und also Gott, Gott und also den Menschen bringen sollen: »Liebe deinen Nächsten wie dich selbst!« An deiner Selbstliebe hast du den Maßstab, was dein Nächster braucht. »Alles«, so heißt es in der Bergpredigt, »was ihr wollt, daß euch die Leute tun, das tut ihnen selbst.« An dem was ihr wollt, daß euch die Leute tun, habt ihr einen Maßstab, was die Leute von euch brauchen: »Barmherzigkeit und Recht«.

Merkt wohl: auf einmal sind diese beiden Worte kein Gegensatz mehr, wie wir sie oft verstehen: entweder Barmherzigkeit oder Recht, unbarmherziges Recht. Das ist dann der Fall, wenn es sich um mein eigenes Recht handelt. Wenn mir einer aus der Ladenkasse etwas klaut, dann habe ich als Geschäftsinhaber die Entscheidung: will ich unbarmherzig auf meinem Recht bestehen und ihn anzeigen – oder will ich barmherzig Gras über die Sache wachsen lassen. So steht es bei meinem eigenen Recht.

Wenn es sich aber um das Recht der anderen handelt, dann stehen Barmherzigkeit und Recht nicht im Gegensatz, dann heißt Barmherzigkeit: eintreten für das Recht der Rechtlosen. Ein aktuelles Beispiel: Der »Schwarzwälder Bote« vom 27. Dezember brachte eine Notiz mit der Überschrift: »Weihnachtsgottesdienst gestört«. Dem biederen christlichen Leser sträubten sich die Haare. Er denkt natürlich sofort an Studenten, denen heutzutage nichts mehr heilig ist, und die sogar Gottesdienste stören. Die Redaktion hat das vielleicht auch gewollt. Las man aber die Notiz selbst, dann erfuhr man folgendes: »Um auf den Hunger in der Welt aufmerksam zu machen, traten rd. 50 katholische und evangelische Studenten in Heidelberg über Weihnachten in einen Hungerstreik. Da ihnen die Jesuitenkirche für ihre Aktion nicht zur Verfügung gestellt worden war, errichteten die Demonstranten neben der Kirche ein großes Zelt. Mit ihrer Aktion protestierten sie dagegen, daß ein Drittel der Menschheit in Saus und Braus lebe, während zwei Drittel hungern müssten. Am 1. Weihnachtstag störten die Studenten das Hochamt in der Jesuitenkirche und forderten die Kirchenbesucher über Megaphon zur Teilnahme am Hungerstreik auf. Die Störenfriede wurden von Kirchenbesuchern aus dem Gotteshaus gedrängt.«

Recht so, wer ein Weihnachtshochamt stört, fliegt hinaus. Wenn man die Jahreslosung durch Megaphon jetzt unter uns laut werden ließe, recht verstanden, stört sie uns mehr, als wenn ein Knallkörper hier herein geworfen wird. Wer hat sie auf seiner Seite? Diese Studenten, die aus Erbarmen mit den Hungernden der Welt sich selbst in diesem Jahr nur als Zeichen – weiter kann das ja leider nichts bewirken – den Weihnachtsstollen und die Weihnachtsgans versagen, oder die Kirchgänger, die meinen, mit einer schönen Gabe für »Brot für die Welt« oder für Adveniat sich das Recht auf ungestörten Weihnachtsgottesdienst erkauft zu haben?

Wer ist der Störenfried? Fehlen die Studenten, dann will der Prophet selbst der Störenfried sein, hereinbrechen und uns die Ohren aufreißen und sagen, wozu es Christen gibt, wozu Evangelium da ist: damit Menschen und Gemeinden entstehen, die »festhalten« und also fest eintreten und heraustreten für Barmherzigkeit und Recht in dieser unbarmherzigen Welt voller Unruhe und Rechtsvorenthaltung, und zwar in der Nähe wie in der Ferne in dieser kleiner werdenden Welt. Da ist nichts, was uns nichts angeht: die entrechteten Farbigen in Süd-Afrika und Rhodesien, die zerbombten Bauerndörfer in Vietnam und Kurdistan, die Gefolterten und Eingesperrten in Griechenland und sonst überall, der Rechts- und Freiheitsentzug in der Tschechoslowakei. Das sind alles solche, die schreien nach Barmherzigkeit und Recht; mit denen vereinigt sich Gott selbst und sagt uns: Dies ist das Allerwichtigste in den siebziger Jahren. Technischer Fortschritt, weitere Industrialisierung, enormer wissenschaftlicher Aufschwung, Weltraumfahrt, alles wird das Leben uns schwerer und unmöglicher machen, wenn nicht Barmherzigkeit und Recht verwirklicht wird, und zwar für die Anderen! Ob wir viel oder wenig dazu tun können – Gottes Wort fragt uns: Tust du wenigstens, was du tun kannst?

Ebenso in unserm eigenen Land. Hinter der Wohlstandsfassade entdeckt der von der Jahreslosung geschärfte Blick materielles Elend und bittere Sorgen in viel größerem Maß, als unsere Zeitungen das wahrhaben wollen. Wir sehen die Alten in vielen Altersheim-Kasernen, denen die letzten Jahre ihres Lebens zu den schwersten werden. Wir sehen, wie in vielen Fabriken das Antreibersystem den Menschen die letzte Lebenskraft auslaugt. Wir sehen, wie im Strafvollzug Menschen, die zu Fall gekommen sind, oft schlechter werden statt besser. Lauter Anrufe an uns selbst.

Und weiter wird der Blick geschärft von der Jahreslosung: In unserer nächsten Nähe entdecken wir mit Schrecken Menschen, die unter unserer Unbarmherzigkeit leiden, denen wir das Recht vorenthalten, gerade wenn wir auf dem Rechtsstandpunkt stehen. Klar ist weiter, daß wir tief entmutigt werden von den übergroßen Anforderungen, und daß wir enttäuscht sind, hereingekommen in den Neujahrsgottesdienst, bitter nötig habend ein tröstendes und stärkendes Wort – und jetzt auch hier nur konfrontiert werden mit so großen Forderungen.

Aber Gott sei Dank besteht die Jahreslosung aus zwei Teilen. Man darf den ersten nicht ohne den zweiten und den zweiten nicht ohne den ersten hören. *»Hoffe stets auf deinen Gott!«* Wer das allein hört, wird ein egoistischer Christ, dem das Evangelium nur dient zu seiner eigenen Stärkung, für seine eigene Sache. Das Evangelium will dienen zur eigenen Stärkung für die Sache Gottes. Denn die Sache Gottes – Barmherzigkeitkeit und Recht in einer unbarmherzigen Welt ohne Recht – ist eine gefährliche Sache. Wer mit Jesus zusammenkommt und in seine Nachfolge gezogen wird und darum eintritt für Barmherzigkeit und Recht praktisch und überall, der wird in die Politik hineingezogen, der wird sich bald zwischen allen Stühlen vorfinden und wird von allen Fronten beschossen werden. Wer mit Jesus zusammenkommt und in die Nachfolge gezogen wird, gegen den wird geballte Feindschaft aufstehen, weil er unzähligen Interessen in die Quere kommt. Aus den sechziger Jahren nur ein paar Namen: Der evangelische Christ Martin Luther King, wahrscheinlich erschossen von einer Verschwörung fanatischer Weißer, weil er den Interessen von Weißen in die Quere gekommen ist. Der katholische Priester Camilo Torres in Columbien, gefallen als Glied einer Guerilla-Gruppe, weil er den Interessen der Reichen in die Quere gekommen ist. Der farbige Mohammedaner Malcolm X, in den USA erschossen von eigenen Leuten, weil er für eine Versöhnung der Schwarzen und der Weißen eingetreten ist. Der jüdische Philosoph Martin Buber, vereinsamt gestorben in Jerusalem, weil er für eine Versöhnung der Israelis und der Araber eingetreten ist. Der Kommunist Alexander Dubcek, weil er für eine Vermenschlichung des Kommunismus eingetreten ist und damit für eine Zurückführung des Kommunismus zu seinem eigentlichen Weg. Wer für Barmherzigkeit und Recht eintritt, gerät auf einen gefährlichen Weg.

Mehr noch als die Gefahren ist die Hoffnungslosigkeit ein

Feind von Barmherzigkeit und Recht auf Erden. Wir waren früher barmherzig mit einem Menschen und haben uns für sein Recht bemüht, aber es ist ein so fürchterlicher Kumpan, und er ändert sich nicht und bessert sich nicht, und schließlich geben wir die Hoffnung auf für ihn. Wir sind in die Politik gegangen, und dann sehen wir, daß auch bei denen, die für Barmherzigkeit und Recht eintreten, vieles nicht in Ordnung ist, daß die Mächte, die das verhindern, übermächtig sind, daß diese Welt nicht geändert werden kann und Bosheit und Dummheit das letzte Wort haben. Wir strecken alle Viere von uns, kümmern uns nur noch um unser Privatleben, und binnen Kurzem machen wir die Brutalität der anderen mit und heulen mit den Wölfen.

Wer für Barmherzigkeit und Recht eintreten will, der braucht Hoffnung, nicht erlahmende Hoffnung. Das Weihnachtsevangelium in einem Satz zusammengefaßt: Der lebendige Gott läßt uns sagen: *Auf mich könnt ihr hoffen, auf mich könnt ihr rechnen!* Nehmen wir es ernst, nicht nur so als Schall und Rauch, sondern als ein Versprechen eines zuverlässigen Freundes: »Auf mich kannst du hoffen«, dann ändert sich alles. Auf Menschen hoffen wir, auf starke Menschen neben uns, auf viele Menschen, wenn wir in einer großen Bewegung stehen, aber diese Hoffnungen müssen begrenzt sein; denn die Menschen sind alle begrenzt. Gott schlägt uns in seinem Wort vor: Hofft nicht auf Menschen, aber hofft für Menschen auf mich, und zwar *stets!* Das ist das wunderbarste Wort der Jahreslosung, dieses kleine Wörtchen »stets«.

Es werden die Stunden der Hoffnungslosigkeit kommen, wenn wir hoffnungslos dem Tod entgegengehen werden. Hoffe auf den Gott, der auch über den Tod siegt! »Er kann durch des Todes Türen träumend führen und macht uns mit einmal frei.« Wenn du in schwere Schuld geraten bist und kannst nicht mehr hoffen, wieder gutzumachen, was du angerichtet hast: Hoffe auf den lebendigen Gott, der die Sünde durch seine Vergebung ins Meer werfen und neues Leben geben kann, und auch für den von dir beschädigten Menschen hoffe auf ihn, der das, was wir schlecht gemacht haben, bessern kann! Wenn du nicht mehr auf dich selbst hoffen kannst, weil du siehst, daß du es nicht fertig bringst, dich zu ändern, weil du zu schwach bist und dir selbst immer wieder unterliegst: Hoffe auf den lebendigen Gott; denn er ists, der dir Kräfte gibt. Wenn du einen Menschen gerade abschreiben willst, weil man für ihn keine Hoffnung mehr haben kann, tu es nicht, du tötest ihn damit in deinem Geiste, hoffe für ihn auf den lebendigen Gott, der sich aus Steinen Kinder erwecken kann! Wenn du in der politischen Arbeit nirgends Erfolg und keinen Sinn mehr siehst, und alles anders geht, so daß wir sehen, daß wir die Geschichte nicht in der Hand haben: Laß dich nicht in die Hoffnungslosigkeit zerren und dann ins Privatleben und ins Heulen mit den Wölfen! Er selbst, der lebendige Gott, uns begleitend mit seinem Zureden, sagt uns: Hofft nicht auf die Partei, in deren Gemeinschaft ihr zu arbeiten versucht, nicht auf die politische Bewegung, in der ihr arbeitet, als könntet ihr es schaffen, auch nicht auf die Kirche, die es so schwer hat, ihre Aufgaben heute zu erkennen und zu praktizieren, aber hoffe für dich, hofft für euch, hofft für die Partei, mit der ihr meint, etwas Gutes zu schaffen, hofft für eure Arbeit, für eure Bewegung, für die Kirche auf den lebendigen Gott, der sich selbst uns zur Hoffnung gibt!

Wenn jemand das Wort umschreiben will, das viel mißbrauchte Wort »Gott«, dann soll er es so umschreiben: Gott ist der, durch den Hoffnungslose Hoffnung haben können. Ein alter Gesangbuchvers sagt:

»Die Hoffnung wart' der rechten Zeit,
was Gottes Wort zusage;
wann das geschehen soll zur Freud,

setzt Gott kein gwisse Tage.
Er weiß wohl, wanns am besten ist
und braucht an uns kein arge List.
Des solln wir ihm vertrauen.«

Dir, der du uns dies versprichst, vertrauend, bitten wir dich: Hilf uns zu tun, wozu du uns sendest in diesem neuen Jahr: Barmherzigkeit und Recht in unsre Welt zu bringen. Und sei du selbst dabei unsere Hoffnung!

WESSEN WAFFEN SIND WIR?

Wir sind also mit ihm begraben worden in seinen Tod durch die Taufe, zu dem Zwecke, daß, wie auferweckt worden ist Christus aus den Toten durch die Herrlichkeit des Vaters, so auch wir in Neuheit des Lebens unser Leben führen. Denn wenn wir mit eingepflanzt sind in den gleichen Tod wie Christus, dann werden wir auch in seine Auferstehung mit eingepflanzt werden (oder etwas anders übersetzt: wenn wir zusammengewachsen sind zum gleichen Tode, werden wir auch zu gleicher Auferstehung zusammenwachsen).
Das wissen wir: unser alter Mensch wurde mitgekreuzigt, damit der Leib der Sünde erledigt sei, so daß wir nicht mehr Sklaven der Sünde sind. Denn wer gestorben ist, der ist von der Herrschaft der Sünde rechtmäßig freigesprochen. Wenn wir aber mit Christus sterben, so glauben wir, daß wir auch mit ihm leben werden, in dem Wissen: Christus, auferweckt von den Toten, stirbt nicht mehr, der Tod wird nicht mehr über ihn Herr. Denn was er starb, das starb er einmal der Sünde; was er aber lebt, das lebt er Gott. So auch ihr: rechnet damit, daß ihr Tote seid für die Sünde, Lebende aber für Gott in Christus Jesus. Also soll nicht herrschen die Sünde in eurem sterblichen Leib, so daß ihr seinen Begehrungen gehorcht. So stellt auch eure Glieder nicht als Waffen der Ungerechtigkeit der Sünde zur Verfügung, sondern stellt euch selbst Gott zur Verfügung als Waffen der Gerechtigkeit. Denn Sünde wird nicht mehr über euch herrschen! Denn ihr steht nicht unter Gesetz, sondern unter Gnade. Röm. 6,4-14

Den besten Kommentar, den ich beim Nachdenken über diesen doch langen und schwierigen Text entdeckt habe, fand ich nicht in den theologischen Kommentaren, son-

dern in einer Rede, die James Douglas, ein amerikanischer Christ und ein bekannter Vorkämpfer der Friedensbewegung, im November in Washington vor dem amerikanischen Versöhnungsbund gehalten hat. Er sagte:
»Ich bin der Überzeugung, daß die Antwort auf Amerikas ständig wachsende Brutalität, das Gewissen von allen, die sich zum Glauben bekennen, verlangt, ihre Klassenprivilegien abzulegen, gegen ein Gesetz, das zu globalem Tod führt, Widerstand zu leisten und zu unseren schwarzen und weißen Brüdern im Gefängnis zu stoßen. Ich glaube, daß in dieser geschichtlichen Stunde, da die Zeichen der Zeit uns einen Bobby Seale zeigen, der in Ketten geknebelt vor ein amerikanisches Gericht gestellt wird, und einen Richard Nixon, der der Welt die Vorherrschaft der amerikanischen Macht verkündet, der Platz, der einem gerechten Manne zukommt, das Gefängnis ist.« »Wenn ein Mann«, sagt er, »den Einberufungsbefehl bekommt und annimmt, so ist das der Weihrauch unserer Zeit, den man einem Cäsar streut, der gefährlicher ist als irgendein Cäsar des Früh-Christentums. Denn kein Cäsar hatte bisher die Macht, die gesamte Welt zu ermorden. Wer den Einberufungsbefehl annimmt, der sagt damit zum Cäsar: Wenn du in Vietnam, in Kambodscha, in Laos töten willst, so kannst du meinen Körper dazu gebrauchen. Um der Wahrheit willen«, so fährt Douglas fort, »um uns selbst und Amerika davon frei zu machen, die Menschheit zu töten, müssen wir Cäsar heute sagen, daß unsere Körper nicht länger im Dienste der Unwahrheit und des Todes stehen, daß wir mit dem Tod in keiner Weise mehr zusammenarbeiten, daß wir bereit sind, ins Gefängnis zu gehen, um vom Tode frei zu sein und die Wahrheit zu bezeugen und darum nicht mehr bereit sind, unsere Militärpapiere entgegen zu nehmen, Steuern für Kriegszwecke zu bezahlen und auf viele andere Weise Gesetzen zu gehorchen, die das Töten und die Ausbeutung begründen.«

Ich habe diese praktische Anwendung des Paulus-Abschnittes vorangestellt nicht nur, weil wir als Glieder des einen Leibes Christi teilnehmen müssen an dem schweren Kampf, den Menschen, die ihre Taufe und ihre Jüngerschaft Jesu ernst nehmen, heute in den USA führen, sondern weil in diesem Kommentar deutlich wird, worum es geht bei dieser Neuheit des Lebens und bei der Freiheit, worum es heute geht in diesem Kampf um Gerechtigkeit, von dem Paulus hier spricht.

Da sind Menschen, so hören wir, die sind unter einem Anruf und dadurch auf einem Weg. Das ist ein neuer Weg, ein Weg des Lebens, ein Weg, bei dem es um den Leib geht und nicht nur um die Seele, bei dem ein Herr da ist, der Waffen braucht, und die Waffen haben *wir!* Und die Frage ist, ob wir die Waffen, die wir haben, gegen ihn ins Feld führen lassen oder für ihn, gegen Gerechtigkeit oder für Gerechtigkeit. Gerechtigkeit aber im biblischen Sinne, das meint nicht nur gerechte Verteilung. Auch das wäre ja schon etwas ziemlich Großes, wenn sich das erreichen ließe, aber das ist noch die unterste Form von Gerechtigkeit, ebenso die Gerechtigkeit nach dem preußischen Sprichwort »suum cuique« – jedem das Seine –, dem Guten das Gute, dem Bösen das Böse, dem Leistungsstarken viel und dem Leistungsschwachen wenig. Gerechtigkeit im biblischen Sinn ist nicht die Gerechtigkeit der Vergeltung, der gleichen Verteilung, sondern Gerechtigkeit im biblischen Sinn nach dem Leitbild der Liebe Gottes ist das Leben der Starken für die Schwachen, das Leben der Schlechter-weg-Gekommenen durch die Besser-weg-Gekommenen, Privilegien verwendet im Dienste der Unterprivilegierten. Jesu Leben für die Sünder, für seine Feinde, das ist Gerechtigkeit, das ist Freiheit, das ist wahres Leben, das ist Auferstehung. Jene, so sagt James Douglas, die ihre Zukunft um des Lebens willen riskiert haben, »fanden durch ihren Einsatz Glauben, Hoffnung, ja selbst eine unglaublich tiefe

Gemeinschaft. In manchen Gefängniszellen ist mehr Freiheit zu finden, als die sogenannte freie Welt je erträumen kann. Wer in seinem aus der Liebe getragenen Widerstand Gefängnisstrafen auf sich nimmt, wählt Gottes Freiheit. So bin ich am freiesten, sprach Paulus, als er in Ketten lag.« Das ist der Weg der Neuheit des Lebens. Vor 30 Jahren haben wir von Freiheit in Ketten einiges Tiefe erfahren, als wir im Gefängnis saßen, als unsere Brüder in den KZ's und am Galgen umgebracht wurden.

Wenn es also Taufe gibt, Christusgemeinde, Bekenntnis der Auferweckung Jesu Christi, dann verbindet sich damit eine große Erwartung. Eine Schar von Menschen soll jetzt da sein und wird da sein, in allen Ländern, die nicht mehr mitmachen kann die Ungerechtigkeit, nicht mehr mitprofitieren kann von der Ungerechtigkeit, die vorne dran ist, zu erkennen die offene und aufzuspüren und zu entdecken die verschleierte Unterdrückung, die vorne dran ist in den Bemühungen, das aufzubrechen und abzubauen, und die in dieser Weise, so sagt Paulus, die Auferstehung Jesu Christi sichtbar macht, leiblich sichtbar macht.

Paulus ist nicht leibfeindlich, wie man oft gesagt hat. Er denkt sehr hoch vom Leibe. Der Bereich des Leibes ist der Bereich, in dem die Auferstehung Jesu aufleuchten muß. Paulus hat seinen Gemeinden nie geraten, Beweise dafür aufzuspüren, daß Jesus von den Toten auferweckt worden ist. Er hat offenbar nicht das Geringste davon gehalten, die Auferstehung Jesu theoretisch zu beweisen. Theoretische Beweise bringen nur einen theoretischen Glauben zustande, und an einem theoretischen Glauben können nur Leute interessiert sein, die der ganzen Welt ihre Weltanschauung, ihre christliche Weltanschauung, aufdrängen wollen. Für Paulus ist das ganz uninteressant. Für interessant hält er nur materielle, leibliche, praktische Veränderungen unseres Lebens: anstelle bisher mitgemachter Ungerechtigkeit: die Glieder, unsere ganzen leiblichen Fähigkeiten also – und das heißt: unser ganzes Leben Gott zur Verfügung zu stellen in seinem Kampf um die Welt. Der wohlhabende Philemon nimmt sich infolgedessen seines entlaufenen, nichtsnutzigen Sklaven Onesimus an und läßt ihn nicht auspeitschen, sondern steigt herunter von seiner Sklavenhalter-Würde und bietet ihm sein Haus als brüderliche Heimat an. Christen privilegierter arischer Abstammung bieten verfolgten Juden ihr Haus zum Untertauchen an und riskieren dabei KZ und Tod. Amerikanische Studenten in Kalifornien gehen zu mexikanischen Landarbeitern und helfen ihnen, ihre Streiks zu organisieren, hungern mit ihnen und setzen sich mit ihnen den Prügeln der Polizei und der Streikbrecher, die von den Großgrundbesitzern gedungen werden, aus. Berliner Studenten nehmen entlassene Strafgefangene, die keine Bleibe haben, in ihre Wohnung auf und teilen ihren schmalen Monatswechsel mit ihnen. Brasilianische Priester gehen in das Massenelend der Favellas, organisieren Speisungszentren, Schulen und Solidarität gegen die Mächtigen und werden dafür in den Gefängnissen des Regimes zu Tode gefoltert. Eduardo Mondlane organisiert Befreiungs-Guerillas für seine Heimat Mozambique und wird erschossen. Martin Luther King geht mit seinem Leibe dem Demonstrationszug streikender Müllarbeiter voran und wird erschossen.

Den Leib als Waffe nicht mehr der Ungerechtigkeit, sondern der Gerechtigkeit zur Verfügung zu stellen, bedeutet also Opfer. Opfer unseres Leibes, das ist es, wogegen wir uns sträuben. Geistliche Güter, innere Freude durch das Evangelium, Trost des Herzens in schweren Stunden, das loben wir mit Recht, davon haben wir hoffentlich auch etwas erfahren. Aber wenn es an den Leib geht, ihn zur Verfügung zu stellen zu Waffen der Gerechtigkeit – da wird es schwierig. Jetzt ist doch deutlich, nicht wahr: Paulus meint nicht nur die Sexualität, wenn er von den

Begierden des Leibes spricht. Paulus ist nicht sexfeindlich, wie man ihn immer wieder nannte. Er meint allerdings, daß auch unsere Geschlechtlichkeit einzubeziehen ist in den Dienst für die Gerechtigkeit. Aber wenn er hier von den Begierden des Leibes spricht, denen wir nicht mehr gehorchen sollen, und von denen herauskommt, daß wir ihnen gehorchen, in dem Augenblick, wo diese Aufforderung, ihnen nicht mehr zu gehorchen, an unser Ohr und Herz kommt, dann reicht das weit darüber hinaus.

Was begehrt mein Leib? Er begehrt, angenehm zu leben, er möchte gut essen, er freut sich daran. Ich esse gern, muß ich gestehen. Er möchte sich auch gut anziehen, glänzen vielleicht. Er möchte Musik hören, rauchen und Wein trinken, wenn es ihm schmeckt, Reisen machen, ein Haus mit Garten in Dahlem haben. Das sind lauter gute Gaben Gottes, die möchte mein Leib und in ihm ich haben und haben und krampfhaft festhalten. Weil das alles viel Geld kostet, müssen wir arbeiten, hektisch arbeiten bis zum Herzinfarkt. Aus der Angst vor Armut und durch das Streben nach Wohlstand sind wir bereit, für diesen Wohlstand andere auszuquetschen, andere Klassen und andere Völker, und was wir haben, zu verteidigen mit Handgranaten und Napalmbomben. In einem eben erschienenen neuen Buch der Dichterin Marie Luise Kaschnitz lese ich folgende Notiz, überschrieben »Appetit«:

»Ich esse meine Suppe, ich esse mein Fleisch, meine Nudeln, Kartoffeln, Salat jeden Tag, so viele auch Kinder, verschüttete, vor meinem Fenster, mit Fingern weißlichen Krallen Signale versuchen. Ich esse mein Fleisch jeden Tag, so viele auch Schiefknochen, so viele Hungerbäuche bei mir am Tische sitzen und Eiterbeulen aufplatzen neben meinem gefüllten Teller. Ich esse, den Blick auf das Napalmfleisch gerichtet und auf die Würmer, die aus den offenen Wunden kriechen. Ich esse meine Suppe, mein Fleisch, meine Nudeln, Kartoffeln, Salat, Kompott, jeden Tag, alle bestaunen meinen Appetit, niemand glaubt mir mein Alter.«

Wir alle sind privilegierte Befriediger der Begehrungen unseres Leibes. Das Kommunistische Manifest hat ganz recht, wenn es sagt (und es spricht damit ganz im Sinne der Bibel), daß alle bisherige Geschichte eine Geschichte von Klassenkämpfen gewesen ist. Klassenkampf heißt: Wer auf Kosten von wem erlangt Befriedigung der Begehrungen seines Leibes? Das ist das Thema der Weltgeschichte. Die Weltpolitik besteht darin, daß die, die es erlangt haben, mit Gewalt, mit Millionen uniformierter Leiber verteidigen, was sie haben, und es noch vergrößern wollen. Das meint Paulus, wenn er sagt, daß wir Sklaven unseres Leibes sind, Sklaven der Sünde, einer zur Gesellschaftsordnung gewordenen Sünde, die uns vermittels der Begehrungen unseres Leibes eisern in ihrem Griff hält.

Es ist also etwas Unglaubliches, was Paulus hier schreibt, etwas Erstaunliches, ja, etwas überhaupt nicht zu Glaubendes: dieser Optimismus, mit dem er offenbar der Meinung ist, das könnte anders sein, anders werden bei jedem von uns.

Wie kommt er dazu, solche Sätze zu sagen: *»Der Sündenleib ist erledigt«* oder: *»Sünde wird nicht mehr über uns herrschen«*? Lieber Paulus, es ist damals doch auch nicht anders gewesen als heute. Sünde herrscht natürlich über uns, diese im Klassenkampf, d. h. in den Begehrungen unseres Leibes sich ausdrückende Sünde, in der wir doch nicht verzichten wollen auf unser gutes Essen, unsere Reisen, meine Bücher, unsere gepflegte Wohnung. Wenn ihr diesen auch sprachlich so schwierigen Text zu Hause durchlest, dann merkt ihr, daß er durchzogen ist von Verben des Trennens und Verben des Zusammenfügens. Grundlegend sind die Verben des Zusammenfügens. Paulus ist der Meinung: Entscheidend

für den Sinn und Weg eines menschlichen Lebens ist, mit wem es zusammen ist, und er sieht unser Leben mit stärkeren Gewalten zusammengefügt, nicht nur mit den Begehrungen unseres Leibes, sondern noch mit einer ganz anderen Kraft, nicht nur mit dem Tod, sondern mit dem wirklichen Leben. Begehrungen unseres Leibes, Ungerechtigkeit: darüber steht Tod. Die Herrschaft der Sünde ist die Herrschaft des Todes. Wir glauben es nur nicht. Um vom Leben etwas zu haben, gehen wir über Leichen und töten, die uns im Wege stehen, aber ernten damit nichts anderes als Tod. Tote haben Jesus getötet, als er ihnen in die Quere kam, und haben damit ihm und sich selbst bewiesen: man kann nichts machen gegen die Herrschaft des Todes, man kann nur mitmachen. Das war unser letztes Wort. Das blieb nicht das letzte Wort. Jesus ist auferweckt. Das ist das letzte Wort, das Gotteswort. Und das ist das erste Wort, von dem her jetzt zu denken ist. Jetzt ist eine Macht des Zusammenfügens, des Zusammenschweißens da, des Zusammenschweißens mit dem wirklichen Leben. Jesus ist für Paulus – und das ist natürlich das Entscheidende – nicht eine Größe der Vergangenheit. Und entscheidend für uns ist auch, ob er für uns nur eine Größe der Vergangenheit ist. Dort in der Vergangenheit in Jerusalem, in Galiläa anhebend, hat ein Geschehen begonnen, das hat, so sagt Paulus, nun auch euch erreicht. Und das geht weiter. Das hat jetzt uns hier erreicht in Dahlem. Das hat die Hand auf uns gelegt. Das hat uns mit sich zusammengeschlossen. *Jesus lebt, er stirbt nicht mehr!* Er ist die weiterwirkende Kraft, die uns zusammenschließt und das vermag. Was vermag?
Paulus sieht deutlicher – und so auch das Neue Testament –, als viele es gesehen haben, die gegen ungerechte Verhältnisse aufgebrochen sind. Paulus sieht deutlicher, daß die eigentliche Verknechtung nicht allein in den Verhältnissen liegt, denen wir unterworfen sind. Daß die Welt eine so greuliche, unmenschliche ist, daß

wir so verknechtet sind in den Verhältnissen, das ist in uns begründet, eben in den Begehrungen unseres Leibes, die uns unfrei machen, versklavt gegenüber unseren Privilegien und Begehrungen und Interessen. Wie kann hier Freiheit entstehen? Freiheit ist nur wert, Freiheit genannt zu werden solange sie und wenn sie endlich Freiheit ist gegenüber meinen Privilegien und Interessen, eine Gegenmacht, nicht nur ein Gebot, nicht nur ein schönes Ideal. Edle Gesinnung, Mitleid mit den schlechter Weggekommenen, hohe moralische Forderungen, das schafft keine Freiheit.

Paulus sieht und will uns allen sagen: Resigniert nicht! Das Schlimmste ist resignieren. Habt Hoffnung, weil ein Bundesgenosse, eine Macht auf dem Plan ist! Das wirkliche Leben ist Wirklichkeit geworden. Rechnet nicht mehr mit der Macht der Sünde, mit der Macht eurer Verknechtung unter all eure Privilegien! Es ist euch möglich, was euch unmöglich scheint. Paulus hat wohl etwas erfahren davon, aber was er sagt, geht noch weit über Erfahrung hinaus: dieses Hoffnunggeben, das uns auf die Beine stellt und jetzt erste Schritte machen läßt, eine kritische Distanz zu dem, womit wir uns bisher einfach identifiziert haben, unseren Interessen und den Interessen unserer Gruppe und unseren Privilegien, worauf wir doch Anspruch haben, eine kritische Distanz und ein Eindringen der Gaben Gottes in unser Leben in dem Kampf der Gerechtigkeit gegen die Ungerechtigkeit. Paulus gibt noch kein politisches Programm. Er hat damals kein Programm gegen die Sklaverei gemacht. Aber da Sklaverei damals nicht abschaffbar war, da auch kein Sklavenaufstand auf der Tagesordnung stand, da die Millionen Sklaven im römischen Reich die getretensten und hoffnungslosesten Menschen waren, ohne Möglichkeit, sich zu organisieren und Aufstand zu machen – hat er den Sklavenherren zugemutet, sich auf die gleiche Ebene mit ihren Sklaven zu stellen, ihre Brüder zu werden. Und er

hat den Sklaven in ihrer entsetzlichen Lage innere Standhaftigkeit, Menschenwürde, Aussicht zum Aushalten gegeben.
Es ist klar, heute würde er sagen: Da euch viel mehr möglich ist, habt ihr auch viel mehr zu tun. Wie steht es bei euch mit der Befreiungswirkung Jesu Christi? Woran liegt es, daß sie vielleicht mager ist? Wo steht ihr: auf der Seite eurer Interessen und Privilegien oder auf der Seite der zu kurz Gekommenen? So rüttelt er uns auf, in unseren konkreten sozialen und politischen Lebensbeziehungen die Fronten zu wechseln. Weg von der Front der Ungerechtigkeit und unsere Leiber zur Verfügung stellen als Waffen der Gerechtigkeit.
Das ist unter der Zusage der Vergebung gesagt, einer Zusage, die jeder, wenn er sich aufmacht, das zu hören und zu tun, jeden Tag braucht. *»Sünde wird nicht mehr über euch herrschen!«* Sie aber herrscht doch, lieber Paulus, ich bin doch gebunden! Sie wird nicht herrschen, sie wird sich nicht durchsetzen. Du wirst mobilisiert bleiben, du bist zusammengeschweißt mit Christus, du wirst neue Lebensbewegungen machen. Die alten Lebensbewegungen sind noch da, aber sie werden dein Leben nicht mehr bestimmen. Was können wir anders, da die Fahne aufgerollt und der Weg gezeigt ist und die Neuheit des Lebens uns zugesichert und uns versprochen ist, daß dort unsere wahren Interessen liegen, nämlich das wirkliche, runde, freie Leben, – was können wir anderes tun als uns jeden Tag auf den Weg machen, leiblich, unsere Leiber zur Verfügung stellen, ihn bitten, uns zusammenwachsen zu lassen, mit ihm in lebendigem Leben, immer enger und unzertrennlicher?

Wir hören, Herr, aus deiner Botschaft: Du hast dich aufgemacht, deine Menschheit zu retten ins Leben hinein. In Jesus Christus hast du dich durch unsere Unmenschlichkeit töten lassen, damit wir Menschen wür-

den. Mit ihm hast du uns zusammengeschlossen und in der Taufe uns zu seinen Jüngern gemacht.
Du siehst uns, Herr, leiden unter unserer Knechtschaft, unter unserem eigenem Ich und seinen Begierden und Interessen. Wir erkennen diese Knechtschaft im Licht deiner Auferstehung. Du selbst verbietest uns, zu resignieren. Du selbst erklärst uns für frei. Du selbst stehst an unserer Seite.
Nun bitten wir dich: Beweise deine Kraft in Befreiungen in unserem Innern, durch die wir den Leib und die Glieder dir zur Verfügung stellen! Wir bitten dich: Hilf deinen Christen, daß sie austreten aus dem Dienst der Ungerechtigkeit und eintreten in den Dienst an deinem Kampf um die Menschen und um eine menschliche Welt!
Segne alles, Herr, was gegen Gewalt und Unrecht getan wird, und schaue auch an, Herr, alles verborgene Leiden in den Krankenhäusern, in den Altersheimen, in den Familien, in den Ehen, zwischen Eltern und Kindern.
Hilf uns, brüderlich Kraft zu verbreiten. Hilf uns, eine Gemeinde zu sein, die Salz und Licht ist, und laß dein Wort hineinleuchten in die finstersten Stunden, da wir von deiner Liebe nichts spüren und keine Hoffnung mehr haben! Laß dein Wort hineinleuchten und deine Liebe uns erfahren in der letzten Stunde, da wir hinübergehen und mit der oberen Gemeinde dich preisen und dir danken werden in Ewigkeit!

II. Die große Veränderung

EIN NEUER NAME FÜR GOTT

16.4.72

Ich muß Ihnen jetzt einige erklärende Worte sagen: Ihr habt vielleicht gehört, daß unser Bischof Scharf – er ist deshalb auch in einigen Zeitungen angegriffen worden – an alle Pfarrer ein Gebet geschickt hat für den heutigen Sonntagsgottesdienst, das er zusammen mit unserem Bruder Lothar Kreyssig verfaßt hat, und das sich bezieht auf die augenblicklich zur Entscheidung stehende Frage der Ost-Verträge und der Ost-Politik. Ich werde dieses Gebet nachher anstelle des Sündenbekenntnisses lesen.
Es hat ein Fernsehstab vom Südwestfunk jetzt gerade die Aufgabe, einen Film zu drehen über die evangelische Kirche und die Ost-Politik. Und darum wollen sie also zur Veranschaulichung diesen ersten Teil der Liturgie und den Schlußteil der Predigt, in dem ich noch einmal darauf zu sprechen komme, mitfilmen. Und wir wollen ihnen das doch erlauben und deswegen den störenden Lichtaufbau in Kauf nehmen. – Ich hoffe, in dem, was ich in der Predigt sage, ebenso wie in dem, was das Gebet enthält, ist etwas, was jeder bei christlicher Überlegung bejahen kann. Aber es gehen unsere Überzeugungen natürlich doch auch auseinander. Dafür werden Sie nach dem Gottesdienst von den Fernsehleuten noch interviewt werden. Wer nicht einverstanden ist mit dem, was wir hier versucht haben, deutlich zu machen unter dem Evangelium, der möge doch bitte den Fernsehleuten offen seine Meinung sagen. Aber wir wollen das doch auch als einen Dienst der gemeinsamen Besinnung über unsere politi-

sche Verantwortung auffassen, und es ist sinnvoll, daß es gerade in der Dahlemer Kirche geschieht, die früher die Kirche Martin Niemöllers war, dem die Aussöhnung zwischen uns Deutschen und den östlichen Völkern so besonders am Herzen liegt.

Nun wollen wir beginnen im Namen Gottes des Vaters und des Sohnes und des Heiligen Geistes. Amen.
Fürchte dich nicht, spricht der Herr. Ich bin der Erste und der Letzte und der Lebendige. Ich war tot und siehe, ich bin lebendig von Ewigkeit zu Ewigkeit und habe die Schlüssel der Hölle und des Todes.

»Herr, unser Gott, in diesen Wochen, in denen Entscheidungen fallen für die Zukunft unseres ganzen Volkes, treten wir vor dich, den Vater unseres Heilandes Jesu Christi, und bekennen dir: Im Ablauf der Geschichte, deren Herr du bist, stellst du uns heute noch einmal vor die Frage, ob wir bereit sind, das, was durch uns, durch deutsche Menschen, vor drei Jahrzehnten an Juden und Polen und Russen und an Gliedern unseres eigenen Volkes geschehen ist, vor dein Angesicht zu bringen. Du fragst uns, jeden Einzelnen, wie wir mitschuldig geworden sind durch Schweigen, durch Mithandeln, und wie wir schuldig geworden sind als Nation, als eine Nation, die sich berauschte an ihrer Geltung und Macht. Wir bekennen dir, wir haben vergessen, daß es gar nicht selbstverständlich ist, daß du uns das Massensterben, an dem wir mit schuldig sind, hast überleben und als Volk überdauern lassen. Wir haben uns schnell daran gewöhnt, daß es uns wider Erwarten gut geht. Wir wundern uns nicht darüber, daß wir mit dem Brandmal auf dem deutschen Namen wieder etwas gelten in der Welt. Aber du fragst uns heute nach unserer Selbsteinsicht, da wir nun als Volk eine schwere und große Entscheidung zu treffen haben. Hilf uns, die eigene Mitwirkung im Höllensturz unserer vergangenen Geschichte ohne Ausflucht und Beschönigung zu erkennen. Öffne du uns den Blick, dann sehen wir in einen Abgrund unseres Wesens und unseres Irrglaubens. Wir selbst sind Kain. Wir haben Abels Blut vergossen, indem wir Millionen ermordet haben wie Vieh, unvorstellbar geängstete Männer, Frauen und Kinder – und Kinder, o Herr! – Die Sterbensqual des Einen, deines Sohnes am Kreuz, umfängt das Sterben aller dieser Menschen, auch der unsrigen dabei und danach. Sein Sterben schreit zu dir nach Vergebung für alle. Um Seinetwillen rufen wir zu dir um Erbarmen. Erbarme dich unserer Armut, unserer Ratlosigkeit, unserer Unbußfertigkeit. Hilf uns tun, was du von uns erwartest. Überwinde unseren Unglauben, gib Glauben in der Gewißheit der Auferstehung von den Toten durch den, den du als Erstling aller Entschlafenen auferweckt hast aus dem Tode. Um Christi willen sprechen wir: Der allmächtige Gott erbarme sich unser, Er vergebe uns unsere Sünde und führe uns zum ewigen Leben.«

Nun ist das Heil und die Kraft und das Reich unseres Gottes geworden und die Macht seines Christus, weil der Verkläger verworfen ist, der uns verklagte Tag und Nacht vor Gott. Darum freut euch ihr Himmel und alle, die auf Erden wohnen.

Unser lebendiger Vater, wir sind versammelt auf deine Einladung hin zu hören die Freudenbotschaft von deinem Reich. Wir bitten dich, daß du unter diesem Licht uns erkennen lässest das falsche Leben und das wahre Leben. Wir bitten dich um die Kraft der Umkehr vom falschen Leben zum wahren Leben, der du uns gerufen hast, unser Herr Jesus Christus, der mit dem Vater und dem Heiligen Geist lebt und regiert in Ewigkeit.

Und nachdem Johannes ausgeliefert worden war, kam Jesus nach Galiläa, kündend die Freudenbotschaft von Gott (oder nach einer anderen Lesart: kündend die Freudenbotschaft vom Reiche Gottes) mit den Worten: ›Erfüllt ist die Stunde, genaht ist das Reich Gottes. Kehrt um und vertraut auf die Freudenbotschaft‹. Mark. 1,14 und 15

Also: mit einem Jauchzen beginnt das Wirken Jesu, mit einem Jubelruf springt er hinein in die Öffentlichkeit. Die Überschrift über alles, was er sonst noch sagt und tut, ist dies, was wir hier gehört haben. Er wird sehr Ernstes noch sagen, es wird Schreckliches an ihm getan werden, aber das alles steht unter der Überschrift dieses Jubelrufes. Nicht ein düsterer, hagerer Bußprediger und nicht ein glutäugiger Fanatiker, der über Leichen geht, oder der die Leute mit Drohungen in eine Schreckens- und Bußstimmung treibt, spricht zu uns, sondern dieser Ankündiger einer großen Freude. »*Erfüllt ist die Stunde*«, Gott sei Dank, es ist so weit. Glaubt nicht mehr an die Endlosigkeit und die Allmacht der Finsternis, glaubt, daß das bald zu Ende geht, daß das schon gebrochen ist! Glaubt, daß das Neue schon im Hereinbrechen ist und stärker sein wird als das Alte!
Was ferne bevorsteht, hat wenig Einfluß auf die Gegenwart, aber was nahe bevorsteht, das ändert die Gegenwart. Je nachdem, wer vor der Tür steht, ändert sich das Leben der Menschen hinter der Tür, in der Zelle. Wenn der Henker vor die Tür getreten ist, breitet sich Todesangst in der Zelle aus. Aber wenn der Befreier an die Tür schlägt und nichts mehr zwischen ihn und die Tür treten kann, und er wird sie bald aufbrechen, dann schlagen die Gefangenen die Ketten aneinander und machen mit ihren Handschellen eine Freudenmusik und lachen den Gefängniswärtern ins Gesicht. Was hereinbricht, was nahe bevorsteht, das ändert die Gegenwart. Wenn der Arzt angekündigt ist, der wirklich heilen kann, dann schwindet die Todesangst, und die schlimmsten Schmer-

zen können die Hoffnung und das Lachen nicht mehr ersticken. Wenn eine Gesellschaft von Freiheit, Gleichheit und Brüderlichkeit im Anrücken ist, dann sind die alten Strukturen der Herrschaft und Knechtschaft in Frage gestellt, dann beginnt der Kitt herauszubröckeln, dann stellt man sich ein auf neue Strukturen und probiert sie schon und versucht, sie mit Brüderlichkeit zu erfüllen. Es kommt alles auf die Perspektive an. Bisher stand vor unser aller Tür als die letzte Macht der Tod, der alles einkassieren wird. Dann ist es wohl verständlich, wenn hinter der Tür die Gefangenen dieser Todeswelt nichts anderes kennen, als sich in der kurzen Zeit den Bauch voll zu schlagen und den anderen von der Gefängniskost wegzunehmen, damit man selbst genug und übergenug hat. Aber wenn die Perspektive sich ändert, wenn das Leben vor der Tür steht und nicht mehr der Tod, dann ändert es sich auch in der Zelle, solange die Gefängnismauern noch bestehen.

»Erfüllt ist die Stunde, *genaht ist das Reich!*« Was ist das Reich Gottes? Jesus malt es uns zu unserer Enttäuschung nie aus. Er schildert uns nicht ein ersehntes Schlaraffenland. Er ist vielmehr interessiert daran, was die Ankündigung des Reiches Gottes im Diesseits, jetzt schon, bewirkt. Er will nicht unsere Phantasie mit Zukunftsträumen füttern. Wenn wir sprechen wollen vom Reich Gottes, und das müssen wir ja, wenn wir es einander weitergeben sollen, was er sagt, dann müssen wir Bilder aus dieser alten Welt zu Hilfe nehmen. So ganz anders ist das Reich Gottes, daß unsere Sprache gar nicht zulangt. Aber doch bietet die alte Welt Bilder, mit denen wir es uns andeuten können. Alle Erfahrungen von Not und Befreiung sind Gleichnisse des Reiches Gottes, also jede Erfahrung, die wir schon einmal gemacht haben, wo an die Stelle einer Todesperspektive Lebensperspektive trat, wo wir herauskommen durften aus Gefangenschaft oder Krankenhaus und neu aufatmen durften in der Freiheit, zu unserer eigenen Überraschung und zur Überraschung der Ärzte wieder gesund waren und etwas tun konnten, da ist das ein Gleichnis des Reiches Gottes. Das Kommen des Reiches Gottes wird erfahren im Gleichnis, wo der mächtige Befreier an die Tür des KZ schlägt, und drinnen die Häftlinge, die geprügelten, vor Freude herausschreien, und die Wachmannschaften erzittern und die Rangordnung zwischen ihnen und den Häftlingen auf den Kopf gestellt wird. Das Kommen des Reiches Gottes wird im Gleichnis erfahren, wo ein hoffnungslos Angeklagter freigesprochen wird und wie ein Träumender hinausgeht.

Das Reich Gottes ist nichts anderes als ein neuer Name für Gott. Gott hat viele Namen. Die letzte Wirklichkeit wird unter den Menschen ganz verschieden vorgestellt, und es ist kaum zu zählen, was Menschen in der Menschheitsgeschichte alles mit »Gott« betitelt haben. Nun hat das tiefen Sinn, daß unser Text hier in zwei verschiedenen Lesarten überliefert ist. In der einen Gruppe der alten Handschriften heißt es: *»Jesus kündet die Freudenbotschaft vom Reiche Gottes«*, und in der anderen Gruppe heißt es: *»Jesus kündet die Freudenbotschaft von Gott«*. In Jesu Verkündigung wird das Wort Gott ein Freudenwort. Man kann nicht behaupten, daß bei Heiden und Christen das Wort Gott sonst uneingeschränkt ein Freudenwort ist. »Religion ist, was man nicht tun darf«, hat einmal ein Konfirmand als Definition gesagt. Gott ist weithin das, was man nicht tun darf. Götter sind Gerichtsinstanzen im Glauben der Völker, dazu da, die Normensysteme der jeweiligen Gesellschaft mit göttlichen Belohnungen und Strafen zu sanktionieren. Gott ist ein Disziplinierungsinstrument der Gesellschaft bei Christen leider oft ebenso wie bei Heiden. Bei Jesus wird Gott jetzt uneingeschränkt ein Freudenwort, ein Verheißungswort, frohe Botschaft aus der Ewigkeit, frohe Botschaft von jenseits des Todes, frohe Botschaft für Hungernde und

Ausgebeutete, nicht ein Verbündeter der Unterdrücker und Ausbeuter, sondern die große Hoffnung aller derer, die tief drunten sind. Nicht ein finsterer Gerichtspräsident oder ein grämlicher Schulmeister, sondern der Befreier-Gott, dessen Künder ist Jesus. So kommt Jesus hereingelaufen, wie ein Bote in eine okkupierte Stadt, um den Bewohnern, während die Okkupationsmacht noch überall kontrolliert, zuzuschreien, daß die feindlichen Armeen schon geschlagen sind und diese Okkupationstruppen hier bald vertrieben sein werden.

Das elende Landvolk damals in Palästina, niedergeknüppelt von den Besatzungssoldaten, niedergedrückt von den eigenen Oberschichten, ausgepowert von den römischen Zollpächtern, das hat solch eine Kunde mit aufmerksamen Ohren gehört. Das wurde unruhig und begann, an seinen Ketten zu rütteln. Darum war ein solcher messianischer Herold, als der Jesus aufgetreten ist, eine politische Gefahr und wurde beseitigt, genauso wie sein Vorgänger Johannes. Und was war nun? Was ist nun mit dem Reiche Gottes? Ist es gekommen oder ist es nicht gekommen? Haben die nüchternen Leute doch wohl recht gehabt, die sagten: »Es ändert sich nichts, und es wird sich nichts ändern«; denen das Schicksal dieses Jesus, sein Umgebrachtwerden, genauso wie das Umgebrachtwerden des Johannes, nur ein weiterer Beweis war: es ändert sich nichts; die Welt wird sich weiter drehen, und es ändert sich nichts? Haben sie recht getan, als sie, weil sich die Welt nicht ändert, auch ihr Verhalten nicht geändert haben? Freilich andererseits auch: weil sie ihr Verhalten nicht geändert haben, darum hat sich in der Welt auch nichts geändert. Denn seit den Tagen Jesu ist ebenso weiter gemordet und ausgebeutet worden wie vorher, nur noch mit immer entwickelteren und raffinierteren Methoden, und schließlich auch im Namen Jesu Christi selbst.

Geändertes Verhalten in einer noch nicht geänderten

Welt: das will Jesus bewirken mit seinem Ruf. Das ist eine Spur, um auf den Wahrheitsgehalt seines Rufes zu kommen. Vor 60 Jahren hat Albert Schweitzer mit Erschütterung gesagt, Jesus und seine Jünger haben sich geirrt, die Welt hat sich nicht geändert. Aber Albert Schweitzer entnahm wenigstens aus dem Ruf Jesu dies: Wir in der ungeänderten Welt können unser Verhalten ändern, – und damit war er auf der richtigen Spur. Denn warum haben die Jünger festgehalten an ihm, als er ins Grab gelegt worden war? Warum haben sie seine Botschaft nicht für widerlegt angesehen, als er ermordet war und das Reich war nicht gekommen?

Sie haben unter dem Licht von Ostern erkannt, wie das Reich kommt, in Verborgenheit zuerst herein in die unveränderte, alte Welt in diesem Jesus selbst. Sie haben Jesus in seinem ganzen Leben und Tun und Sterben und Auferstehen als die Ankunft des Reiches Gottes auf Erden erkannt. Und sie haben entdeckt: der Weg des Reiches Gottes geht durch das Sterben, das Opfern, das Grab, den Verzicht, die Niederlage. Das Kreuz ist nicht Widerlegung des Reiches Gottes, sondern es ist der Weg des Reiches Gottes. Und sie haben gelernt, wie das Hören der Reichsbotschaft die Welt ändern kann auf dem Weg über unsere eigene Änderung.

Geändertes Verhalten in einer noch nicht geänderten, alten Welt ändert diese alte Welt, zunächst einmal im Umkreis unseres eigenen kleinen Lebens. Das ist doch eine keineswegs zu verachtende Änderung, wenn ich durch den Heiligen Geist heute wieder ein wenig und vielleicht ein wenig besser als gestern verändert werde: von der Glaubenslosigkeit zum Glauben, von der Verschlossenheit in mich selbst zur Offenheit, von der Angst vor dem Sterben zu einem fröhlichen Blick in die andere Welt, von der Sorge um mein Leben zu einer getrosten Sorglosigkeit um mein Leben. Und wenn dadurch meine Hände und mein Herz aufgetan werden für meinen Mitmenschen, dann ist das doch eine ganz beträchtliche Änderung, die mein Leben für mich selbst sehr anders macht. Und wenn wir dann mit solchen Änderungen an unserm Leben hineingehen, wie wir sollen, in die Gesellschaftsgestaltung, in die Politik, in die Gesetzgebung, dann kann das weitreichende Änderungen zur Folge haben für eine Menge von anderen Menschen, denen ihr Leben, unter dem sie jetzt seufzen, dadurch leichter werden kann. Damit kommen wir auf die Spur der Wahrheit dieses Rufes Jesu: *»Es ist genaht!«* Bald ist es nicht gekommen, wie man es damals gedacht hat, äußerlich ist es nicht gekommen, aber eine Wirkungskraft ist mit Jesus hereingekommen in die Welt, und die kann unser Leben ändern.

Nun zum Schluß: Warum setzt Jesus am Ende Umkehr und Glauben gleich? *»Kehrt um!«* – das ist sehr mißverständlich übersetzt mit dem Wort Buße. Es heißt eigentlich: Kehrt um, oder: *denkt um und vertraut dem Evangelium.* Umkehr! Wer glaubt, kehrt um. Umkehren tun wir, wenn wir einen Weg als falsch erkannt haben. Umkehr ist oft ein schwerer Entschluß, wenn man an einen Weg gewöhnt ist und sich schon lange auf ihm befindet. Was Umkehr praktisch heißen kann, das sehen wir heute an politischen Entscheidungen. Zwei schreckliche Weltkriege sind doch für jeden von uns und für uns als Volk Anlaß genug, kritisch zu überprüfen die Wege und die Denkweisen, in denen wir uns befunden haben, und mit denen wir schließlich in diese zwei Weltkriege geraten sind. Wenn wir nun vom Evangelium her diese kritische Überprüfung vollziehen, dann hat das einige Folgen:

1. Wir fangen dann bei uns selber an und warten nicht auf andere. Jesus sagt: Kehrt um und wartet nicht, bis die anderen umkehren, bis die Welt geändert ist, sondern jetzt kehrt um! Dann fangen wir selber an mit der Absage an falsche Denkweisen und warten nicht, bis die Ameri-

kaner und die Franzosen und die Russen umkehren. Und indem wir selber anfangen mit der Umkehr, verstärken wir die Hoffnung, daß dadurch auch die anderen Völker leichter auf neue Wege, wie sie für die Zukunft der Menschheit nötig sind, finden.

2. Wir werden dann bereit zu einer schonungslosen Überprüfung auch lieb gewordener und altgewohnter Gedanken und Traditionen. Wir spüren auch, wo der Wurm in ihnen saß. Ein nationaler Egoismus, ein nationaler Hochmut, eine Bereitschaft, auf Gewalt und Militär und Krieg zu setzen und über die Leichen anderer zu gehen, eine Verachtung des Lebensrechtes anderer. Wo wir das erkennen, bohren wir's heraus und verbannen es aus unserem Denken.

3. Wir wollen uns dann nicht wieder holen, was uns auf dem falschen Wege verloren gegangen ist. Wir lassen es den anderen. Wir danken Gott, daß wir wider Erwarten so auf die Beine gekommen sind, wie es keiner von uns 1945 gedacht hat. Und wir gönnen den Polen in den ehemals deutschen Gebieten, daß sie dort glücklich leben, und wollen nichts anderes als: Schluß mit der jahrhundertealten verderblichen Feindschaft zwischen Deutschen und Slawen und Frieden miteinander.

4. Als Umdenkende werden wir fähig, uns in die anderen hineinzuversetzen, sind nicht nur interessiert an den Beschwerden, die wir gegen die anderen haben, den Rechten, die wir anzumelden haben gegen die anderen, sondern werden fähig zu dem, was Menschen so schlecht können, was aber umdenkende Jünger Jesu können: die Dinge von der anderen Seite her anzusehen. Dann sehen wir, wieviel Anlaß die Russen und die Polen und die Tschechen haben zum Mißtrauen gegen uns, mindestens so viel Anlaß wie wir gegen sie. Und dann fangen wir an,

ihnen Gelegenheit zu geben, das Mißtrauen abzutun, und damit geben wir uns auch Gelegenheit, unser Mißtrauen gegen sie aufzugeben. Das Mißtrauen zerstört das Miteinanderleben, und wir können es uns nicht mehr leisten. Wir können uns nur noch den Frieden leisten.

5. Wir sind bereit, als Umdenkende, Vergebung zu erbitten und von daher auch zu vergeben. Zuerst Vergebung zu erbitten, weil wir als Umdenkende zuerst an unsere Schuld, unsere übergroße Schuld denken, und dann auch Vergebung zu geben. So könnte ein neues Leben zwischen den Völkern entstehen. Erst, wenn wir so umgedacht haben, können wir dann die einzelnen Sachfragen, um die es sich bei den Verträgen handelt, sachlich diskutieren: ob sie das Bestmögliche sind, oder ob man bessere hätte machen können. Aber das Kriterium für die Entscheidung ist: Es darf keinen Rückfall geben, keinen Schritt zurück wieder in die Vermehrung des Mißtrauens zwischen den Völkern, in den alten, kalten, bösen Bürgerkrieg zwischen den beiden deutschen Staaten. Es muß ein Miteinanderleben geben können, ein gegenseitiges Sich-Helfen und ein gegenseitiges voneinander-Lernen. So praktisch und politisch ändert sich die Welt, wenn wir durch das Hören des Evangeliums unser Verhalten ändern lassen und keinen Bereich des Lebens dieser verändernden Herrschaft Jesu Christi entziehen. Dann macht Christsein Freude, uns selbst und den anderen um uns her. So wollen wir als Salz und Licht mit der Freudenbotschaft Jesu in unserem Volk und unter den Völkern selbst leben.

Dazu hilf uns, unser Herr, der du uns rufst und ausrüstest zum Umdenken und Umkehren durch deine freudige Botschaft!

REICH GOTTES HEISST WELTREVOLUTION

30.1.72

Strebt zu allererst nach dem Reiche Gottes und nach seiner Gerechtigkeit, so wird euch dieses alles hinzugegeben werden. Matth. 6,33

Reich Gottes, das ist das Explosivwort, das Jesus in die Welt wirft, und das ist Er selbst, Er selbst bis heute in Kraft und Realität. Reich Gottes – das ist die Perspektive Jesu, die Perspektive seines ganzen Wirkens. Reich Gottes ist die Perspektive, die er in das Weltgeschehen mit hereinbringt. Alle menschlichen Mordversuche, alle eisernen Nägel am Kreuz und der schwere Stein vor dem Grab, das alles kann dies nicht mehr aufhalten, nicht mehr zum Scheitern bringen, diese Revolution Gottes, die Reich Gottes heißt. Die Geschichte von Jesu Kreuz und Auferstehung ist das große Versprechen, daß die Revolution Gottes durch alle Konterrevolution nicht aufgehalten, nicht zum Scheitern gebracht, sondern siegen wird.

Reich Gottes heißt Weltrevolution, wohlgemerkt, nicht nur innere Revolution, Revolution der Herzen, Herzensänderung, Bekehrung, Zum-Glauben-Kommen, das Reich Gottes inwendig in uns. Von dieser inneren Revolution haben Mystiker und Pietisten zu allen Zeiten eine tiefe Erfahrung gehabt und davon Zeugnis abgelegt, aber es oft einseitig darauf beschränkt. Auch Revolution der Herzen, innere Revolution, ganz sicher; denn was wäre das für eine Revolution, die nur die äußeren Verhältnisse revolutioniert, bei der aber im Innern der Menschen alles beim

Alten bleibt, so wie wir Menschen sind, glaubenslos, gottlos, lieblos, neidisch, habgierig, um uns selbst kreisend. Wenn man uns so, wie wir sind, in ein äußeres Paradies versetzt, dann haben wir es in kürzester Zeit geschafft, dieses Paradies wieder in die gleiche Hölle zu verwandeln, die heute die Welt für manche Menschen ist, in die gleiche Konkurrenzgesellschaft, Dummheitsgesellschaft, Gewaltgesellschaft, in der wir heute leben. Auf alle Fälle muß das Innere revolutioniert werden, aus steinernen Herzen, wie ein Prophet sagt, müssen fleischerne Herzen werden, aus alten Menschen neue werden. Ohne das ist keine wirkliche Weltrevolution.

Aber das Äußere und das Innere, der Leib und die Seele, die Gesellschaft und die Einzelnen, die Verhältnisse und die Herzen, das gehört unlöslich zusammen. Das alles miteinander ist Gottes Schöpfung, das alles ruiniert sich in dieser Welt gegenseitig und hält sich gegenseitig fest im alten Wesen. Die falschen Verhältnisse verderben die Seelen der Menschen, und die falsche Seelenhaltung verdirbt auch die besten Verhältnisse. Reich Gottes heißt: Gesamtrevolution der Verhältnisse und der Herzen, des Äußeren und des Inneren. *Gerechtigkeit* sagt die Bibel an dieser Stelle: *»Seht nach dem Reich Gottes und nach seiner Gerechtigkeit.«* Gerechtigkeit heißt biblisch nicht nur das, was unsere Justiz darunter versteht: dem Bösen die Strafe und dem Guten der Lohn, jedem das Seine, sondern Gerechtigkeit biblisch verstanden heißt: Leben für alle, Gott für alle, Liebe für alle. Darum Gerechtwerden, Richtig-werden aller, der unrichtigen Einzelnen und der unrichtigen Verhältnisse.

Reich Gottes heißt: Gott revolutioniert zur Gerechtigkeit überall da in seiner Schöpfung, wo es unrichtig ist, wo Unrichtigkeiten herrschen, und zumal in dieser Menschenwelt, auf diesem abgelegenen Planeten Erde, wo die Dinge in Gottes Schöpfung so schlecht gegangen sind. Indem Jesus dieses Feuer des Reiches Gottes anzündet, entsteht eine Hoffnung auf eine Gesamtrevolution, wie sie noch nie da gewesen ist unter den Religionen und bei den Philosophen, und aus dieser Hoffnung entsteht eine Unruhe in den Völkern. Das Evangelium hat eine Unruhe in die Völker gebracht, die nicht aufhören wird, die dann einmal wieder erlahmt und dann wieder aufbricht, eine Unruhe, die es nicht mehr zuläßt, daß die Menschen sich abfinden mit dem Elend dieses Lebens, als müßte das alles so sein, als könnte es gar nicht anders sein. Die Hoffnung macht ihnen den Zustand, wie er ist, unerträglich. Es ist immer ein schlechtes Zeichen für das Leben der Christen und der Kirche mit dem Evangelium, wenn sich herausstellt, wie es heute oft zu beobachten ist, daß für Menschen, die nicht den christlichen Glauben mitbekennen, die weiter weg vom Evangelium leben, aber sicher nicht unberührt davon sind, daß für solche Menschen die Verhältnisse, in denen wir leben, viel unerträglicher sind, daß sie viel empfindlicher sind für den Unsinn, den Unfug, der beständig unter uns geschieht, als die Christen, die oft eine dicke Haut zu haben scheinen. Christen müßten die Sensibelsten sein für das Elend dieser Erde von der Hoffnung her, durch die sie unruhig gemacht sind, und die es ihnen nicht mehr möglich macht, sich abzufinden damit, wie es ist. Die Revolution Gottes macht die Menschen selbst revolutionär und ungeduldig und macht ihnen diese Welt, wie sie ist, unerträglich, und läßt sie fragen, wie das Elend überwunden werden kann.

Wie kann das Elend überwunden werden, das Elend in uns und um uns? Jesus gibt darauf zwei verschiedene Antworten. Er sagt einmal: Aus euch selbst werdet ihr's nicht schaffen; zu tief, zu groß ist das Elend in euch und um euch, als daß ihr es aus eigenen Kräften, ohne einen großen, übermenschlichen, ewigen Beistand überwinden könntet. Was ihr an Veränderungen aus euch selbst zustande bringt, sind immer nur Veränderungen innerhalb des Alten. Das erfahren wir ja auch in der Geschichte immer wieder: das fängt groß an, mit großem Schwung, und dann erlahmt es wieder in der Resignation, am Anfang Vermessenheit und am Ende Verzweiflung. Darum immer wieder der Gegensatz, den wir heute so deutlich vor uns haben: die einen rufen: »Das muß doch anders werden!«, und die Anderen setzen dagegen: »Das kann nie anders werden.« Die einen: »Die Welt soll nicht so sein, wie sie ist«, und die Anderen: »Die Welt ist nun eben einmal so, wie sie ist.« Das geht hoffnungslos im Kreise herum; einmal ist der eine progressiv und am nächsten Tag ist er konservativ. Mit eigenen Kräften geht es nicht voran. Die Hoffnung der großen Revolution, der wirklich durchgreifenden, läßt sich nicht an den Menschen festmachen; denn sie ist auch nicht aus den Menschen entstanden. Sie ist aus Jesus entstanden, aus Gottes Kundgebung entstanden und läßt sich nur an Gott festmachen. Gott ist jetzt, von Jesus her verstanden, das große Versprechen, daß es wirklich anders werden wird, das Versprechen der neuen Welt Gottes, ein unerhörtes Versprechen, das man von sich aus gar nicht glauben kann. Wir sind alle eher resignierte Skeptiker, wenn man uns genau fragt, und meinen, der Mensch sei ein Naturwesen in einer Welt, die eben so ist, mit sehr begrenzten Möglichkeiten. Das Evangelium ist darum so unglaublich, auch unglaubwürdig, und es fällt uns allen wohl heute oft so schwer, ihm zu glauben, weil sein Versprechen so außerordentlich ist, eine solche Gesamtrevolution, Reich Gottes, weil es Jesus verkündigt als den großen Angriff Gottes auf das Elend dieser Welt. Ohne ihn können wir nichts tun. Aber dieser Angriff ist im Gange, und in diesen Angriff sind wir hineingezogen. Das heißt christliche Gemeinde.

Nun sagt Jesus als zweites: Dies bedeutet: Das Reich Gottes ist Gottes Tun. Aber dies bedeutet nicht, wie Christen und Nicht-Christen es oft mißverstanden haben:

träge dasitzen, passiv hoffen auf irgendein Schlaraffenland, einen Trost im Jenseits haben und im Diesseits alles beim Alten lassen. Im Gegenteil, lest das ganze Neue Testament durch, dann werdet ihr sehen: Im ganzen Neuen Testament geht es um Veränderung des Lebens im Diesseits, des hiesigen Lebens zwischen Geburt und Tod – und so auch hier.

»Trachtet, strebt zu allererst nach dem Reich Gottes und nach seiner Gerechtigkeit.« In den Versen vorher – das sind die Verse vom Sorgen in der Bergpredigt – hat Jesus beschrieben, wonach die Menschen sonst trachten. Luther übersetzt da: »nach solchem allen trachten die Heiden«. Aber das gibt der Sache einen falschen Klang. Da denken wir an irgendwelche Götzenanbeter usw. Im Urtext heißt es einfach »die Völker«. Wonach trachten die Völker? Wovon ist die Weltgeschichte voll? Weil sie vom lebendigen Gott, von dessen Fürsorge wir umgeben und getragen sind, nichts wissen, darum müssen sie, jeder mit aller Kraft, für sich selbst sorgen, für die Sicherung des eigenen Daseins und fürs Reichwerden dazu. »Was werden wir essen, was werden wir trinken, womit werden wir uns kleiden?« Danach trachten die Völker. Jeder ist bestrebt, von dem, was die Erde uns bietet, vom gemeinsamen Sozialprodukt, sich einen möglichst großen Teil abzuschneiden; möglichst mehr als die andern möchte ich kriegen. Jeder Einzelne und das Volk möchte haben und haben und haben, und daraus entsteht der mörderische Konkurrenzkampf, der Weltgeschichte heißt: der Krieg aller gegen alle, der ums Leben und die Gewinnung des Lebens geführt wird – eine Wirklichkeit, die wir heute vielleicht deutlicher als je eine Zeit vor uns sehen, die zur Zerstörung des Lebens führt, die die Verhinderung des wirklichen Lebens ist.

Den Menschen, auf die Jesus Einfluß bekommt, ändert er die Energie dieses Trachtens durch ein neues Ziel. Ihre Energie richtet sich jetzt nicht mehr auf das Haben,

Haben für sich selbst, sondern auf die Revolution Gottes. Und als Jünger, befreit durch das Versprechen der Fürsorge des lebendigen Gottes von der Sorge um sich selbst und eingesetzt zu Mitwirkern und Mitkämpfern an der Sache Gottes für die Menschen, an der Rettung der Menschen in eine gerechte, richtige Menschheit hinein, fragen sie nun: Wie können wir mitwirken, da wir mitwirken dürfen?

Was heißt es: *»Trachtet nach dem Reich Gottes«?* Das Neue Testament gibt uns reichen Rat und Antwort dafür, und ich hebe hier ein bißchen heraus. Es heißt einmal: aus dieser Hoffnung leben, sie jeden Tag neu hören, sich diese Verheißung jeden Tag sagen lassen in die gedrückten wie in die fröhlichen Stimmungen hinein, in die Schicksalsschläge hinein, in die Zeitungsnachrichten hinein, die Verheißung der großen Hoffnung. In der Masse der hoffnungslosen Menschen, die in ihrer Hoffnungslosigkeit meinen, es gebe in diesem Leben keine größere Hoffnung, als ein möglichst großes Stück der irdischen Güter den andern zu entreißen und für sich selbst zu haben – in der Masse dieser hoffnungslosen Menschen muß es Menschen der Hoffnung Gottes geben, der größeren Hoffnung, und die muß ausstrahlen und neue Perspektiven, neuen Mut geben im Leben der hoffnungslosen Menschen.

Das Zweite: »Trachtet nach dem Reich Gottes« heißt dann: Bittet um das Kommen des Reiches! Christoph Blumhardt hat die zweite Bitte des Vaterunsers »Dein Reich komme« die Hauptbitte des Vaterunsers genannt. Er hat gesagt, das ganze Vaterunser sei das Reich-Gottes-Gebet. Im ganzen Vaterunser schreien die, die es beten, aus dem Elend dieser Welt nach der Einlösung des großen Versprechens. Das sind unzufriedene Menschen, unzufriedener als alle anderen. Sie haben nicht mehr die Hoffnung, daß durch geringere Bestrebungen, durch geringere Formen von Revolution uns wirklich geholfen werden könne. Sie haben nicht mehr die Illusion, daß eine Revolution der Gesellschaft das ganze Heil und die durchgreifende Heilung des Menschen bringen könne. Jesus befiehlt, uns höher auszustrecken mit unserm Wunsch und mit unserer Hoffnung auf eine durchgreifende, alles ändernde große Revolution Gottes, auf ein ganzes Heil; und darum schreien Menschen, die beten: Dein Reich komme! Und damit ist über jeden Elendsort dieser Erde die Hoffnung aufgerichtet. Aber auch jede Menschheitsnot, der wir begegnen, auf die wir stoßen, an der wir selbst teilhaben, und auf die wir neben uns stoßen, ist uns ein Antrieb, ein Stoß hinein in das Gebet: Dein Reich komme! »Es vergehe diese Weltzeit!«, wie die alte Christenheit gebetet hat, »und zu komme uns dein Reich!«

Nun aber noch ein Drittes, und das ist praktisch wahrscheinlich für uns das Schwierigste, was ich jetzt sage. Nach dem Reich Gottes trachten, heißt: entgegentreten und entgegenstehen diesem mörderischen Konkurrenzkampf ums Haben. Immer wieder ist jetzt in diesen Jahren davon die Rede bei uns in der Christenheit und auch in meinen Überlegungen zum Evangelium, und es läßt sich nicht vermeiden. Nach dem Reich Gottes trachten, heißt: aussteigen aus dem zähen Klassenkampf von oben nach unten, dem Klassenkampf derer, denen es gelungen ist, Besitz an sich zu reißen, gegen die, die zu kurz gekommen sind. Was wäre das für eine Heuchelei, wenn wir nach der Revolution zur großen Gerechtigkeit rufen, auf sie hoffen, darum bitten und zugleich weiter unbesehen mitmachen die ganze Ungerechtigkeit, in der wir jeden Tag drinstecken. Täglich ausbrechen, dem entgegenstehen und jetzt schon kleine Veränderungen zur Gerechtigkeit hin anstreben nach dem Maßstab der Gerechtigkeit des Reiches Gottes, das heißt »Trachten nach dem Reich Gottes«.

Damit ändert sich für diejenigen, auf die Jesus Einfluß gewinnt, die Art ihres Fragens, und zwar immer im Blick aufs Diesseits. Bisher: Was werden *wir* essen, was werden *wir* trinken und womit werden *wir* uns kleiden, wie werden *wir* das Leben genießen, wie kommen *wir* nicht zu kurz? Jetzt befreit von der Sorge um uns selbst: Was werden *die Andern* essen, was werden *die Andern* trinken, wie kommen *die Andern* aus Unterdrückung und Verkümmerung ihres Lebens, aus Unfreiheit und Erniedrigung heraus? Konkretes Beispiel: Wir sind hier alle ganz gut gekleidet; die Frage: »Womit werden wir uns kleiden?« hat Erfolg gehabt, wir haben Mäntel und sitzen warm da. Die Frage: »Was werden wir essen, was werden wir trinken?« hat auch Erfolg gehabt; wir kommen von einem reichlichen Frühstück, wie ich unterstelle. So dürfte es in den meisten oder allen Kirchen Berlins sein, in denen in dieser Stunde Gottesdienste gehalten werden. So sammeln wir uns als christliche Gemeinde, und das ist gut, und wir sollen dankbar dafür sein, daß wir es können. Aber wozu? Mit welcher Richtung? Wie können wir es hinnehmen, daß um uns herum in diesem gleichen Berlin Jahrzehnt für Jahrzehnt, Jahr für Jahr in Kreuzberg, im Wedding, jetzt im Märkischen Viertel, das man eben erst hingesetzt hat, Tausende von milieugeschädigten Menschen aufwachsen, die wir später in die Fürsorgeheime und dann in die Gefängnisse einsperren, nachdem wir selbst sie produziert haben? Solche Grundschäden unserer Gesellschaft kann man dann nicht mehr hinnehmen, wenn die Botschaft vom Reich Gottes und von seiner Gerechtigkeit hier schon das diesseitige Leben ändern soll. Und ich weiß, jetzt erst beginnen eigentlich die praktischen Probleme: Wie soll man es verändern, wie soll man es verhindern, daß das immer neu entsteht, wie müßte eine Gesellschaft aussehen, die das nicht zuläßt und nicht ständig produziert, und wie kommen wir von der gegenwärtigen Gesellschaft zu einer solchen Gesellschaft, wo doch das alles millionenfach über die ganze Erde sich fortsetzt von unserer Stadt aus und, wie wir mit Schrecken in der zweiten Hälfte des 20. Jahrhunderts sehen, nicht etwa abnimmt im Zuge des Fortschritts, wie man gemeint hat, sondern in entsetzlicher Weise zunimmt? Die Reich-Gottes-Botschaft, indem sie uns mobilisiert zu hiesigen Veränderungen, stößt uns auch in eine tiefe Ratlosigkeit, die wir dann mit politisch verantwortlichen Menschen teilen. Und nun kommt etwas Herrliches am Schluß dieses Wortes:

Was heißt das: *»So wird euch dieses alles zufallen«?* Genau in diese Ratlosigkeit und Entmutigung hinein sagt das Jesus. Das griechische Wort, das an dieser Stelle steht, ist das deutsche Wort »Zuschlag«, wie wenn der Kaufmann einem guten Kunden noch was drauf gibt. Es ist gemeint: So bekommt ihr eine Draufgabe. Was bekommt ihr als Draufgabe, wenn ihr zu allererst nach dem Reich Gottes trachtet? Wenn man es so liest im Zusammenhang, meint man gewöhnlich nur folgendes: Der Jünger, der zu allererst nach dem Reich Gottes trachtet, der vernachlässigt dabei das, worum es den Andern geht, das Streben nach Gewinn und Reichtum und Nahrung und Kleidung, ja er riskiert etwas, er gerät in Verfolgung und Gefängnis. Und Jesus gibt ihm hier das außerordentliche Versprechen, er werde nicht zu kurz kommen, er werde nicht Hungers sterben, Gott wird für ihn sorgen. Darauf vertrauend sind immer wieder Jünger Jesu in alle Nachteile und Entbehrungen und Verzichte des Jüngerseins und des Strebens nach dem Reich Gottes hineingegangen.

Mir scheint aber, außer diesem auch schon außerordentlichen Versprechen steckt noch etwas mehr in diesem: Es wird euch alles dieses, worum ihr euch sorgt, hinzugegeben werden. Ich sagte gerade, nach dem Reich Gottes trachten, heißt auch eintreten in die irdischen Bestrebungen nach irdischen Verbesserungen, in die Kämpfe um irdische Revolutionierung der Gesellschaft zum Besseren hin. Das ist dann ein Werk voll von viel Enttäuschungen.

Wieviele Menschen hat es in der Geschichte des Sozialismus gegeben, die mit edelster Aufopferung um die Veränderung und Verbesserung der menschlichen Gesellschaft gekämpft haben, und was bis heute das Ergebnis ist, ist wirklich nicht imponierend, ist vielfach das Gegenteil von dem, was sie gewollt haben. So droht uns bei all unserer irdischen Arbeit Pervertierung, Entartung, Rückschlag, so daß zu verstehen ist, daß einer sich schon kaum mehr in die irdische Arbeit wagt, und manche Christen es bequemer finden, sich zurückzuziehen allein ins Beten und in die innerliche Betrachtung statt in diese gefahrvollen äußeren Bestrebungen. Nun scheint mir, Jesus will seinen Jüngern sagen: Wenn ihr nun hineingeht in die Welt, trachtend zuerst nach dem Reiche Gottes, von da aus aber auch teilnehmend an den irdischen Bestrebungen, und ihr erfahrt Rückschläge und Enttäuschungen, und Resignation bedroht euch, und schon seid ihr in der Versuchung, euch ins Privatleben zurückzuziehen oder mit den Wölfen zu heulen, – da kommt die Verheißung: Mit Gott werdet ihr Erfolg und Segen haben. Es muß nicht alles mißlingen in den irdischen Bestrebungen. Es wird euch einiges gelingen von dem, was ihr in der Konsequenz der Reich-Gottes-Botschaft angreift, und darum bringt auch dort, in diese irdischen, politischen, sozialen Bestrebungen hinein einen gesunden Geist der nüchternen Zuversicht und der Menschenliebe, widerstehend den Entartungen. Es wird euch auch auf diesem irdischen Gebiet immer wieder zugeschlagen werden, Segen gegeben werden, wenn ihr unter all denen, die für irdische Verbesserungen arbeiten, diejenigen seid, die zu allererst auf die große Revolution Gottes schauen, nach ihr sich richten, von ihr den Maßstab gewinnen, nach ihr schreien und mit nichts Geringerem sich zufrieden geben. »Strebt am ersten nach dem Reich Gottes und nach seiner Gerechtigkeit, so wird euch solches alles zufallen.«

WIE IN DER NEUEN WELT GELEBT WIRD

Alles nun, was ihr wollt, daß euch die Leute tun, das tut ihr ihnen auch. Das ist das Gesetz und die Propheten.

Matth. 7,12

Jetzt wissen wir, was »Reich Gottes« heißt. Alles in der Bergpredigt hat mit dem Reiche Gottes zu tun. Wenn ich aber jeden von euch fragen wollte, was er unter diesem Zentralwort der Botschaft Jesu eigentlich versteht, würde mancher wohl zu stottern anfangen und nicht genau wissen, was er damit verbinden soll. Wie kommt dieses Reich Gottes, und worin besteht es eigentlich, und ist es ferne oder ist es gegenwärtig? Auf einmal wird alles sehr schwierig. Dann aber kommt Jesus und hilft uns mit einem so einfachen Wort, das uns sagt, wie das Leben im Reiche Gottes aussieht. So sieht es aus: Jeder tut dem Anderen, was er selbst wünscht, daß der Andere ihm tue. So einfach ist es mit dem Reich Gottes; wo das geschieht, da fängt es an; wo das sich überall durchgesetzt hat, da hat es gesiegt; und damit das geschieht, dazu hat sich Gott zu uns auf den Weg gemacht. Das ist Gottes Offenbarung, das ist, so sagt Jesus, *»das ganze Gesetz und die Propheten«*.

Manchen von uns will scheinen, da fehlt doch noch einiges. Das ist eigentlich nicht mehr als ein bißchen Moral und nicht einmal eine sehr neue Moral. Wo bleibt da, wo jetzt nur von unserem Tun die Rede ist, alles andere, was wir im Evangelium hören und was uns sehr wichtig ist, der Trost im Leben und im Sterben, beim Gang zu

Gräbern und beim Gang zur Operation, Jesu Menschwerdung, Kreuz und Auferstehung, der Heilige Geist, wo bleibt das alles? Ich hoffe, wenn wir genauer hinsehen, werden wir sehen: zwar ist hier das Reich Gottes nicht erschöpfend beschrieben, da ist noch vieles dazu zu sagen, aber es hängt alles zusammen, und eine wesentliche Sache des Reiches Gottes haben wir hier, nämlich: Wie sieht das Leben im Reich Gottes aus?

So einfach, so einleuchtend und allerdings tatsächlich auch gar nicht so neu! Auch ohne Jesus sind die Menschen schon auf eine solche Lebensregel gekommen. Zur Zeit Jesu gab es einen großen Rabbi in Israel, den Rabbi Hillel; der wurde gefragt, was man einem Heiden sagen könne, der zum Judentum übertreten will, und der zu faul oder zu dumm ist, um all diese komplizierten Gesetzesregeln zu lernen, der vielmehr das Ganze in einer kurzen Formel hören will. Der Rabbi Hillel, der ein sehr liebevoller, hoch erfreulicher, wunderbarer Mann war, der sagte: »Was du nicht willst, das tue auch keinem Andern, – das ist die ganze Gesetzessache.« Weise Leute in Griechenland und Rom haben dasselbe gesagt: Wenn etwa ein Herr sich in die Lage seines Sklaven versetze, dann werde er darauf kommen, wie das richtige Verhalten aussieht. Das Gleiche tönt aus dem fernen Osten. Konfuzius, der große Weise, ist einmal gefragt worden: Gibt es ein einziges Wort, nach dem man sein ganzes Leben lang handeln kann? Und er antwortete: »Ist ›Gegenseitigkeit‹ nicht ein solches Wort?« Daraus kommt der bekannte Vers von Konfuzius, den wir alle von klein auf kennen: »Was du nicht willst, das man dir tu, das füg auch keinem Andern zu!«

Eine sehr wichtige, gute Lebensregel ist das. Wir brauchen uns nur an die vergangene Woche zu erinnern! Wenn ich sie im Kopf gehabt hätte, dann hätte ich vielleicht nicht einen mir lästigen Menschen mit einer gezielten Beleidigung verletzt und mir zum Feind gemacht, dann hätte ich vielleicht nicht die Schande eines Bekannten, seinen Fehltritt, im Klatsch ausgebreitet und mich selbstgerecht daran gefreut, dann hätte ich vielleicht nicht in den Geschäftsbeziehungen einem Anderen ein Bein gestellt und seinen Bankrott beschleunigt. Wenn wir das im Kopf gehabt hätten, wir Deutschen, dann hätten wir 1939/40 vielleicht nicht die Polen so behandelt und von Grund und Boden vertrieben, ohne daran zu denken, daß das wie ein Bumerang auf uns zurückschlagen kann. Und fünf Jahre später hat es zurückgeschlagen. Was wir Anderen antun, das wird sich an uns rächen. Wie man in den Wald hineinschreit, so schallt es heraus. Wer zur Gewalt greift, wird durch Gewalt umkommen. Klug ist nicht, wer meint, das habe keine Folgen, sondern dumm und kurzsichtig ist der. Das ist die weise Regel des Konfuzius.

Was Jesus aber sagt, das geht weit darüber hinaus. So ähnlich die Worte des Konfuzius und Jesu sind, so verschieden sind sie, so hoch ist Jesu Wort über dem des Konfuzius wie der Himmel über der Erde, wie das Reich Gottes über Knigges »Umgang mit den Menschen«, wie die Liebe über der Klugheit. Konfuzius' ernsthaft zu bedenkendes Wort appelliert an unser wohlverstandenes eigenes Interesse, es appelliert an unsere Klugheit. Es will ein Unterlassen. Es antwortet auf die Frage: Wie komme ich möglichst ungeschoren durch dieses schwierige Leben? Jesu Wort will ein Tun. Es appelliert an die Liebe. Es antwortet auf die ratlose Jüngerfrage, die ratlose Frage der Liebe: Woher kann ich wissen, was ich meinem Mitmenschen tun soll?

Die einfache Antwort, die Jesus darauf gibt, lautet: Schließe von dir auf die Anderen! Das kann man freilich auch sehr mißverstehen und falsch machen. Jesus meint nicht die speziellen Wünsche jedes einzelnen Menschen. Die Menschen sind verschieden und ihre Geschmäcker auch. Wie ich einem Kameraden beim Kommiß einmal zum Geburtstag eine Bach-Platte schenkte, rümpfte er die Nase und sagte: »Wenn schon eine Platte, dann wäre mir Zarah Leander lieber gewesen.« So soll man nicht von sich auf andere schließen. Jesus meint auch nicht, daß wir jedem Anderen jeden Wunsch erfüllen, den man ihm von der Nasenspitze ablesen kann, den dümmsten auch und vielleicht auch den schlechtesten. In Jesu Wort ist ein kritisches Moment verborgen. Er sagt: Frage dich selbst, was dir wirklich not ist, was du unbedingt brauchst, wonach du schreist, was du bitter entbehrst. Du bist vielleicht ein sehr einsamer Mensch und sehnst dich wie nach täglichem Brot nach einem Menschen, der sich um dich kümmert, dir zuhört und dich versteht. Sei den Menschen um dich herum der Mensch, den du brauchst, – sagt Jesus – und schon wird deine Einsamkeit behoben sein! – Du sehnst dich nach einem anderen Ehegatten, einem nicht so egoistischen, einem heiteren und fürsorglichen. Sei deinem Gatten der Gatte, nach dem du dich sehnst, sagt Jesus, und es wird in eurer Ehe vieles anders werden! – Du lebst in der Tretmühle eines ungeliebten Broterwerbs, der dein Leben leer läßt. Schau um dich, wie es den Anderen in deinem Büro und Betrieb nicht anders ergeht, und sei ihnen ein Mensch, der einen neuen Ton, vielleicht sogar einen neuen Inhalt in die Tretmühle, die ihr nicht ändern könnt, hineinbringt! Den Anderen sein, was ich von den Andern brauche, das ist das Wort Jesu, das wie ein Schlüssel uns den Zugang zum Leben der anderen Menschen öffnet.

Merkwürdig ist das: Indem du auf dich schaust, bekommst du die anderen Menschen, ihre Not in den Blick, bekommst du ein Wissen um sie. Und dann wirst du sehen: sie leiden noch mehr an dem, was du entbehrst: Du brauchst Geld, es reicht dir nicht, aber um dich herum sind Unzählige, denen es noch weniger reicht. – Du brauchst Freiheit, Recht, einen freiheitlichen Rechtsstaat und bist dankbar, wenn du in einem leben kannst. Dort liegen sie in den persischen und türkischen Gefängnissen und werden gefoltert und zum Tode verurteilt. – Du brauchst die Freiheit, deine Meinung, deine religiöse und deine politische, offen zu sagen. Dort in der Tschechoslowakei, in Griechenland ist ihnen der Mund verschlossen. – Du bist ein Weißer in Südafrika oder Rhodesien und hast ein Haus mit Garten und die Welt steht dir offen. Und neben dir die Anderen mit der anderen Hautfarbe, die Bürger vierter Klasse, vertrieben von Grund und Boden, sie brauchen das Gleiche. »Alles, was du willst, daß dir die Menschen tun, das tue ihnen. Das ist das Gesetz und die Propheten.«

Was so einfach klingt und so einleuchtend, das wird auf einmal übermenschlich schwer; denn es bedeutet die tiefste Wandlung, die tiefste Revolution, die bei Menschen geschehen kann, die Wandlung aus einem nehmenden in einen gebenden Menschen. Wir gehören der weißen Rasse an, das war die am schlimmsten nehmende Rasse auf der Welt. Sie hat die ganze Welt ausgeplündert, um Europa reich zu machen. Wie sollen wir uns wandeln können aus nehmenden zu gebenden Menschen?

Dabei werden die Stimmen immer häufiger, die sagen, diese Wandlung sei das Dringlichste, wenn überhaupt die Menschheit weiterleben soll. Ein führender Industrieller Italiens hat soeben in einem Vortrag gesagt: »Die Menschheit lebt heute in einer Ausnahmesituation, nur wollen es die meisten noch nicht wahrhaben. Wir gehen einer explosiven Interaktion, d.h. einer explosiven Auswirkung aller unserer Sünden entgegen.« Ein junger Physikprofessor schickt mir gerade ein dickes Buchmanuskript, in dem er diese Sünden analysiert und die Folgen, die sie heute haben, die riesige Hungerkatastrophe und die Zerstörung der Erde durch die Anbetung des Götzen des wirtschaftlichen Wachstums. Seine ganze Analyse läuft darauf hinaus: Wenn wir nicht frei werden von unseren partikulären Interessen, d.h. davon, daß jeder an seinem Teilinteresse klebt, und wir alle nicht den Blick für das Ganze bekommen, dann werden wir an der Befriedigung dieser partikulären Interessen sterben, und er nennt dieses Wort Jesu das aktuellste Wort zur Stunde: »Alles, was ihr wollt, daß euch die Leute tun sollen, das tut ihr ihnen, nur dann werdet ihr überleben.«

So ist also das Dringlichste zugleich auch das übermenschlich Schwere; das ist das lebensgefährliche Dilemma der Menschheit heute. Es kann sein – und wir sollen etwas dafür tun –, daß die Menschen schon aus Furcht vor dem Untergang zur Vernunft kommen, zum Übersteigen ihrer partikulären Interessen. Aber die christliche Gemeinde, die Jünger Jesu, sie haben etwas Besonderes noch beizutragen: das Verhalten von Menschen, die aus Unvernunft und Lieblosigkeit zu Vernunft und Liebe gekommen sind. Vernunft und Liebe sind in diesem Wort Jesu ganz eins. Aber damit es für die Verwandlung aus Unvernunft und Lieblosigkeit zu Vernunft und Liebe kommt, baut Jesus nicht allein auf unsere Vernunft und Kraft. Er hat eine größere Hoffnung, er schaut auf eine größere Kraft, er sieht Gott selbst in Bewegung auf diese seine verlorene Menschheit zu. Das meint er, wenn er sagt: »Das Reich Gottes ist nahe herbeigekommen«, und das Evangelium zeigt uns Jesus selbst als diese Bewegung Gottes auf die Menschen zu zur Rettung. Was sehen wir, wenn wir genau hinsehen? Gott selbst erfüllt in Jesus seine Gebote. Gott selbst tut das in Jesus, worum Jesus uns hier bittet. Er tut das, wovon er will, daß wir es tun sollen.

Was will Gott? Gott will, sagt Jesus, daß wir ihn lieben von ganzem Herzen, aus allen Kräften und von ganzem Gemüte. Gott tut, was er will, daß wir ihm tun. Er macht sich auf, uns zu lieben aus ganzem Herzen, mit allen Kräften und aus ganzem Gemüte. Gott will, daß Menschen sich opfern für Gottes Sache. Darum opfert sich Gott in Jesu Kreuz für des Menschen Sache. Gott will, daß von uns Menschen nicht ein Geist des Hasses und der Bitterkeit und der Angst ausgeht, sondern ein Geist der Freude und der Liebe; darum macht sich Gott auf und läßt von ihm aus durch die Botschaft Jesu einen Geist der Freude und der Liebe ausgehen. Gott will, daß keiner von uns wartet, bis die Anderen ihn lieben, sondern daß jeder von sich selbst aus den Anfang macht. Darum wartet Gott nicht, bis wir ihn lieben, sondern er macht sich auf und macht selbst den Anfang und kommt uns zuvor und setzt sich für uns ein und geht auf uns zu und dringt bei uns ein durch seinen Geist und kämpft in unserm Herzen mit dem alten Geist. Das ist das Kommen des Reiches Gottes jetzt schon herein in diese verlorene, alte, falsch lebende Welt. Und dies also ist Reich Gottes, so wird dort gelebt: Einmal, jeder fängt bei sich selbst an, und zweitens, jeder ist dem Andern der Mensch, von dem er möchte, daß der Andere ihm ein solcher Mensch ist.

Versteht ihr: auf dieses Wort Jesu hin, auf die Gegenwart Jesu hin, die uns versprochen wird und die wir auch immer wieder erfahren, auf diese Gegenwart Jesu hin ist jetzt also weggewischt die Frage, ob wir uns wandeln können, ob wir die Kraft haben, uns zu ändern aus nehmenden Menschen in gebende Menschen. Es geht jetzt nicht mehr darum, was wir können, sondern im Glauben, im Vertrauen auf das, was Gott durch den Heiligen Geist an unseren Herzen tun kann, fangen wir an, heute, in der kommenden Woche, im kleinsten Kreise. Die neue Gesellschaft fängt nur an in unserem eigensten Verhalten. Die neue Gesellschaft kann es nur geben, wenn Menschen Menschlichkeit erfahren. Nur wenn die Menschen Menschlichkeit erfahren, werden sie menschlich. Ein Vers von Eugen Roth sagt: »Ein Mensch ist manchmal ganz verwandelt, / wenn man ihn menschlich nur behandelt.«

Evangelium ist die Botschaft, daß Gott uns menschlich

behandelt. In Jesus kommt Gott menschlich zu uns. Jetzt, in seiner Nachfolge fangen seine Jünger an, von unmenschlichem Verhalten überzugehen zu menschlichem Verhalten. Dies ist die einzige Hoffnung, daß auch andere Menschen, indem sie das an uns erfahren, befreit werden aus unmenschlichem Verhalten zu menschlichem Verhalten. Im kleinen Kreis fängt das an, in der Ehe, im Haus, in der Bekanntschaft, am Arbeitsplatz. Es geht weiter: Wir wollen von den östlichen Völkern ein bestimmtes Verhalten. Es ist nicht anders zu erreichen, als daß wir uns zu ihnen verhalten, wie wir es wünschen, daß sie sich zu uns verhalten. Wir wollen Nahrung und Freiheit. Um uns herum die dritte Welt schreit nach Nahrung und Freiheit. »Was ihr wollt, daß euch die Leute tun, das tut ihnen!«

Weil ich vorhin diesen jungen Physikprofessor erwähnt habe, und auf die Gefahr hin, daß mancher von euch stöhnt und sagt: der Gollwitzer kommt immer wieder auf politische Folgerungen hinaus, muß ich auch das sagen: Wenn die Sachverständigen recht haben, die sagen, daß wir die große Hungerkatastrophe und die Zerstörung unserer Mutter Erde nur verhindern können durch Senkung des wirtschaftlichen Wachstums, d.h. praktisch durch Senkung unseres Lebensstandards, dann findet dieses Wort Jesu die praktische Probe an folgendem: Es wird dann Sache der Christen sein und der Kirchen, in ihren Völkern Bewußtsein und Bereitschaft zu verbreiten für die Senkung des Lebensstandards, auf dessen Steigerung von Jahr zu Jahr wir zur Zeit aus sind; es wird Sache der Christen und der Kirche sein, die Regierungen zu stärken in den sehr unpopulären Maßnahmen, die die Rettung der Erde und der Menschen von uns erfordert, und es wird Sache der Christen und der Kirchen sein, mit dem Vorbild vorauszugehen, um die anderen nachzuziehen. So praktisch wird es mit der Bergpredigt jetzt in unsern Tagen, wie es für die Jünger praktisch geworden

ist, als sie alles verließen und Jesus nachfolgten. Wir brauchen uns nur vorzustellen, wie bitter das ist für jeden von uns, dieses Verzichten auf Dinge, die wir gern genossen haben; daran wird sich zeigen, ob eine Wandlung bei uns eintritt.
Darum wollen wir ihn bitten – nichts so nötig wie dies –, um den Heiligen Geist, der unsere Herzen wandelt von der Angst zum Getrostsein, vom armen, armseligen Eigennutz zum Denken an die Anderen, vom Nehmen zum Geben, der uns wandelt, daß wir Anderen sein können, was wir wünschen, daß die Anderen uns sind. »Alles, was ihr wollt, daß euch die Leute tun, das tut ihnen! Das ist der ganze Wille Gottes, das Gesetz und die Propheten.«

Du, Herr, forderst von deinen Jüngern nichts, was du nicht vorher selbst tust ihnen und allen Menschen. Du selbst erfüllst das Leben deines Reiches, damit auch wir in das Leben deines Reiches hineingezogen werden. Wir bitten dich, laß Lust und Freude in uns entstehen am neuen Leben und Unlust und Abneigung gegen das alte Leben, wie wir es bisher geführt haben! Wandle uns, daß wir nicht fragen, was andere Menschen uns sein sollen, sondern ihnen das sind, was sie brauchen. Das laß, Herr, auch deine Kirche werden: eine Schar von gewandelten Menschen, die anderen zur Wandlung hilft, eine Dienerin deines wandelnden Wortes.
Wir bitten dich für die Leitung unserer Kirche und unsern Bischof in dem schweren Amt. Wir bitten dich für alle, die im Dienst der Verkündigung und des Unterrichts und der Liebe stehen in den Gemeinden. Wir bitten dich für diese unsere Gemeinde und alle Mitarbeiter.
Wir bitten dich, Herr, für die Not der Welt und rufen zu dir! Wir bringen vor dich im besonderen das Elend in den türkischen und persischen Gefängnissen. Gib denen Erfolg, die hier ändern wollen, und hilf, daß die Herzen

der Mächtigen gewandelt werden und die Todesurteile nicht durchgeführt werden!
Wir bitten dich, Herr, für alle Hungernden. Mach uns die Hände frei und voll, daß wir helfen können!
Wir bitten dich für den Frieden. Segne das Werk aller derer, die Entspannung fördern wollen, zwischen uns und unsern Nachbarn und überall in der Welt!
Wir bitten dich für das junge Ehepaar, das jetzt hinausgeht in ein anderes Volk, um dort zu helfen, auch gut zu machen, was schlecht gemacht worden ist dort von uns in Afrika. Gib ihnen Fröhlichkeit, in bitteren Stunden Getrostheit und lege Segen auf ihre Arbeit!
Wir bitten dich für die Universitäten, die Schulen, die Lehrenden und die Lernenden. Wir bitten dich, Herr, für die Krankenhäuser, für alle, die dort pflegen, und für alle, die dort leiden. Dein Geist sei, Herr, bei jedem, der in Angst zur Operation geht, bei den Chirurgen, bei den Pflegenden! Dein Geist sei bei denen, die in Schmerzen auf dem Krankenbett liegen!
Wir bitten dich, Herr, für uns alle, für jede Stunde unseres Lebens. Erhalte uns im Glauben, im Lieben und im Hoffen, bis wir dich ohne Ende loben in der oberen Gemeinde!

DIE DIALEKTIK DES REICHES GOTTES: INNEN UND AUSSEN – JETZT SCHON UND KÜNFTIG

Er wurde gefragt von den Pharisäern: Wann kommt die Herrschaft Gottes? Darauf antwortete er ihnen und sprach: Nicht kommt die Gottesherrschaft so, daß man sie beobachten kann, oder so, daß man sagen kann, siehe, hier oder da. Denn siehe, die Herrschaft Gottes ist in eurer Mitte. Luk. 17,20–21

Zunächst jedenfalls: die Frage »*Wann kommt das Reich Gottes?*« ist auch unsere Frage. »Reich Gottes« – das ist der Sieg Gottes, der Sieg des Willens Gottes über alles, was diesem Willen widerstrebt. Der Wille Gottes ist das Leben seiner Schöpfung. Gott selbst ist das Leben seiner Schöpfung. Aus ihm und in ihm leben, weben und sind wir. Unsere Lage jetzt aber und die Lage der ganzen Welt ist so, daß diesem Leben aus Gott Widergöttliches sich entgegensetzt. In unserm Leben ist ein Kampf zwischen dem Leben aus Gott und dem, was gegen das Leben aus Gott streitet, uns von ihm abzieht, das Leben zerstört. Dieser Kampf zwischen dem Göttlichen und dem Widergöttlichen, das ist unsere Wirklichkeit. Daß das Widergöttliche kämpft gegen das Göttliche, das ist unser Unglück. Und daß das Göttliche kämpft gegen das Widergöttliche, das ist unsere Hoffnung. Daß Gott stärker ist als das Widergöttliche, das ist die große Behauptung und Botschaft des Evangeliums. Die Geschichte Jesu Christi ist der Zentralpunkt dieses Kampfes des Göttlichen und des Widergöttlichen um die ganze Schöpfung. Am Kreuze

Jesu schien das Widergöttliche endgültig gesiegt zu haben. Das Kreuz Jesu, wie es die geistig erleuchteten Augen der Gemeinde sehen und des Neuen Testaments, ist in Wirklichkeit das Ende des Sieges des Widergöttlichen. Hier hat es sich ausgetobt und ausgesiegt, und Ostern ist die Offenbarung des Sieges Gottes im Kampf gegen die Welt zugunsten der Welt, für die Welt. Bei uns aber geht dieser Kampf weiter, und um uns in dieser ganzen schrecklichen Welt, in der täglich auf verschiedene Weise das Leben aus Gott zerstört wird, der Geist der Gewalt die Menschen ergreift und aufeinander schlagen und sie einander vorenthalten läßt, was sie brauchen zum Leben. Das ging ungeschwächt weiter die zweitausend Jahre, und darum fragen wir mit den Pharisäern, die ja auch Hörer der Verheißung von Abraham an für Israel gewesen waren: »Wann kommt das Reich Gottes?« Das ist ein Notschrei, diese Frage, aus der Not, die wir mit der Verheißung haben in dieser Welt. Das ist ein Sehnsuchtsruf von uns, die wir doch gesetzt haben auf diese Verheißung und zu ihren Zeugen geworden sind und nun nach der Erfüllung schreien. Und es ist auch eine Frage des Zweifels: Kommt es überhaupt? Kommt es überhaupt noch so weit, daß Gottes Wille sich durchsetzt in seiner Schöpfung? Oder ist das ein ewig unentschiedener Kampf zwischen dem Guten und dem Bösen, dem Göttlichen und dem Widergöttlichen? Hat das alles überhaupt kein Ziel und keine Entscheidung, und ist schließlich nicht doch, wie wir immer wieder sehen, der Tod stärker als das Leben und setzt sich durch, und nicht Gott setzt sich durch? So ist das unsere Frage mit den Pharisäern.

Die Antwort Jesu aber dieses Mal, wie ihm diese Frage gestellt worden ist – sie ist ihm nicht nur dieses eine Mal gestellt worden –, ist so überraschend, daß alle Jahrhunderte daran herumgerätselt haben. Das seht ihr an den zwei Übersetzungen, an Luthers Übersetzung: *»Das*

Reich Gottes ist inwendig in euch«, und an meiner Übersetzung: *»Das Reich Gottes ist in eurer Mitte«*, wie es heute die Ausleger meist übersetzen. Die Übersetzung Luthers, die anknüpft an die lateinische Bibelübersetzung vor ihm, hat eine große Wirkung gehabt, hat dieses Wort vielen Menschen lieb gemacht und ins Herz hineingebracht. »Das Reich Gottes ist inwendig in euch«, das heißt doch: Mag es draußen in der Außenwelt um euch her noch so gotteslästerlich und lebensfeindlich zugehen, entscheidend ist nur, daß in uns die Gottesverbindung da ist, unumstößlich und unzerreißbar, die Gemeinschaft mit Gott, der innere Friede. Dann kann äußeres Leben und äußerer Tod uns nicht mehr trennen von dem Reiche Gottes.

Das ist eine tiefe Wahrheit, an vielen Stellen des Neuen Testaments ausgesprochen. Aber es ist nicht die ganze Wahrheit. Wäre es die ganze Wahrheit, so hätte das bedenkliche Folgen. Das würde uns verführen, uns nur um das Innerliche zu kümmern, nicht mehr um das Äußere, nur um den Himmel, nicht mehr um die Erde, und zwar nur noch um unseren eigenen Himmel, um unsere eigene Seligkeit, um unsere eigene Innerlichkeit, und damit hätten wir die Verheißung beschränkt. Denn die Verheißung Gottes meint die ganze Schöpfung und das Leben der ganzen Schöpfung und nicht nur das Leben meiner Seele, so wichtig auch das Leben meiner Seele dem ewigen Gott ist. Gott ist treu seiner ganzen Schöpfung, und Jesus ist die Erscheinung der Treue Gottes zu seiner ganzen Schöpfung, und darum kann er uns unmöglich verführen wollen, Gottes Schöpfung untreu zu werden und uns nur um das Innerliche, Geistige unserer eigenen Seele zu kümmern. Das Wort Jesu muß also noch einen anderen Inhalt haben. Wir sehen ihn vielleicht, wenn wir fragen, was Jesus denn abwehren will, was er als falsch ansieht an unserer Frage, die doch so berechtigt ist und so unabweisbar sich uns aufdrängt:

Wann kommt das Reich Gottes? Wenn wir diese Frage stellen, dann verraten wir auch, daß wir die Verheißung des Reiches Gottes verstehen als eine Aufforderung zum Beobachten. Wir beobachten einerseits die gegenwärtige Welt in ihrem Abstand vom Reich Gottes, in ihrem Gegensatz zum Reiche Gottes. Und zweitens phantasieren wir uns die Herrlichkeiten des Reiches Gottes als einen beobachtbaren Zustand, bei dem wir gespannt sind, wann er endlich einmal kommt. Damit aber sind wir in der Haltung von Zuschauern.

Das Erste, was Jesu Abwehren sagen will, ist: Die Verheißung des Reiches Gottes ist nichts für Zuschauer, die beobachten wollen und das Reich Gottes wie etwas Vorhandenes ansehen, das man dann, wenn es kommt, feststellen kann. Die Verheißung des Reiches Gottes ist ein Aufruf, jetzt das Leben zu ändern, und nicht eine Einladung zum Beobachten. Wer wird von dieser Abwehr Jesu getroffen? Einmal Menschen, die sich auf den Ruf des Reiches Gottes erst dann einlassen wollen, wenn sie etwas zu sehen bekommen, wenn sie Siege des Reiches Gottes zu sehen bekommen, – die sich auf Gott erst einlassen wollen, wenn ihnen Gott bewiesen wird. Solange wir solche Menschen sind (das sagt die ganze Bibel), werden wir nichts zu sehen bekommen. Glaubensaugen bekommen etwas zu sehen, d.h. Augen, die sich durch den Ruf Jesu in die Nachfolge haben hineinziehen lassen. Die bekommen auch Zeichen des Reiches Gottes zu sehen und werden dadurch gestärkt, aber nicht die, die zuerst Beweise beobachten wollen, um erst dann sich einzulassen.

Vom Wort Jesu werden noch andere Leute betroffen. Man kann das griechische Wort, das hier steht, übersetzen: Das Reich Gottes kommt nicht als etwas, das man beobachten kann. Man kann es auch übersetzen wie Luther: *»Das Reich Gottes kommt nicht mit äußerlichen Gebärden«*, d.h. es kommt nicht durch unsere Veranstaltung, durch unsere Änderung der Verhältnisse, kurz gesagt: Das Reich Gottes läßt sich nicht organisieren. Wir organisieren viel. Das Wort trifft etwa diejenigen unter den Sozialisten, die in richtiger Erkenntnis der Aufgabe, die menschliche Gesellschaft besser zu organisieren, als sie heute organisiert ist, gehofft haben, mit dieser besseren Organisation ließe sich tatsächlich das Reich Gottes herstellen. Dann hat sich bisher noch immer wieder gezeigt, daß eine bessere Organisation wohl Inhumanitäten der Gesellschaft beseitigen, eine bessere, etwas humanere Gesellschaft herbeiführen kann; aber das Reich Gottes – das ist noch etwas ganz anderes, das ist mit der sozialistischen Gesellschaft noch lange nicht gekommen.

Aber dies Wort trifft nicht nur solche Sozialisten, sondern es trifft auch viele Leute in der Kirche. Denn auch hier haben immer wieder Menschen gemeint, durch äußere Veranstaltung den Sieg des Geistes Gottes garantieren zu können. Dadurch sind immer wieder die Kirchentrennungen entstanden, die zu den übrigen Trennungen, unter denen die Menschheit leidet, dann noch weitere hinzugefügt haben, – indem nämlich Menschen gesagt haben: Siehe, hier herrscht Gott – und also dort nicht. So war es auch damals zur Zeit Jesu mit den verschiedenen Richtungen in Israel, den Zeloten und den Pharisäern und den Essenern und den Tempelpriestern in Jerusalem und allerlei Gruppen; jede rief: Hier bei uns herrscht Gott und dort nicht. Indem Jesus sagt: Das Reich Gottes läßt sich nicht organisieren, man kann nicht sagen: Siehe hier oder siehe da, richtet er die Verheißung des Reiches Gottes auf als die große Kritik gegenüber all den Zuständen, die wir herstellen können. Alle, und seien sie die bestmöglichen, fallen immer noch unter die Kritik des Reiches Gottes. Durch keine Gesellschaftsordnung, durch keine Religion, durch keine Kirchenordnung und durch kein überliefertes Bekenntnis, durch nichts Äußeres kann man den Geist Gottes garantieren und organisieren; er weht, wo er will.

Was ist nun aber der positive Gehalt dieses Wortes Jesu, dem diese Abgrenzungen dienen sollen? *»Das Reich Gottes ist in eurer Mitte.«* Man kann den Satz auf die Zukunft und auf die Gegenwart beziehen. Die Ausleger sind sich darüber nicht einig. Mir scheint aber, beide Beziehungen sind nicht nur möglich, sondern gehören ganz eng zusammen. Auf die Zukunft bezogen, heißt das: Das Reich Gottes ist, wenn es kommt, plötzlich in eurer Mitte. Damit will Jesus sagen: Das Kommen des Reiches Gottes ist etwas Überraschendes, ein nicht voraussehbares Wunder, unberechenbar. Das wendet sich gegen eine Sucht unter uns Menschen, den Gang der Geschichte bis zu ihrem Ziel, und also den Gang der Weltgeschichte, genau festzustellen, um zu erfahren, an welcher Station er jetzt angekommen ist. Wie es denn immer wieder Menschen, vor allen Dingen Sekten gegeben hat, die mit Terminfestsetzungen operiert haben; dann sind die Termine vorübergegangen mit Enttäuschungen, und man hat neue Termine gesetzt. Warum diese Sucht? Wir möchten vor Überraschungen gesichert sein. Wir möchten wissen, wie weit die Uhr ist, um uns darauf einstellen zu können, um zu wissen, ob es höchste Zeit ist, oder ob es vielleicht noch länger Zeit ist. Genau das will uns Jesus aus der Hand schlagen: »Ihr wißt nicht Zeit noch Stunde, nicht einmal die Engel im Himmel, auch der Sohn nicht, sondern allein der Vater«, so heißt es immer wieder. Ja, dann kann man sich gar nicht darauf einstellen? Doch, eben dann, täglich nämlich, wie die Knechte, die nicht wissen, wann ihr Herr kommt, und die darum immer bereit sind.Die Abwehr der Berechnungsmöglichkeit für das Reich Gottes, die Abwehr einer Antwort auf die Frage »Wann kommt das Reich Gottes?« sagt uns: es ist jeden Tag gleich fern und gleich nah, so nahe und so fern wie dein Tod. Darum seid wach, stellt euch ein jeden Tag, freudig den Herrn zu empfangen, jeden Tag euch an der Arbeit und am Zeugnis für das Reich Gottes antreffen zu lassen! Seid wach; denn ihr kennt nicht Tag noch Stunde.

Auf die Gegenwart bezogen, kommt das Gleiche heraus. Auf die Gegenwart bezogen, lautet das Wort Jesu: Das Reich Gottes ist jetzt schon in eurer Mitte. Das sagt er den Pharisäern, die, während sie nach dem Reich Gottes fragen, Jesus in ihrer Mitte übersehen. Jesus fürchtet, wenn wir, gepreßt von den Schrecken der Gegenwart, in die Zukunft starren und fragen: »Wann kommt das Reich Gottes?«, dann übersehen wir die verborgene Gegenwart des Reiches Gottes. Jünger sind Menschen, die die verborgene Gegenwart des Reiches Gottes erkennen und von ihr erfaßt werden. Sie sind Menschen, an denen ein erster Sieg des Willens Gottes geschehen ist, und wir haben ja definiert: Reich Gottes, das heißt Sieg des Willens Gottes. Jünger sind Menschen, bei denen Gott zum Siege gekommen ist, die darum in den Dienst des Siegers getreten sind, die von diesem Sieger Zeugnis ablegen auf dem Schlachtfeld, auf dem noch gekämpft wird, die mutig sind, weil sie wissen, daß »weder Tod noch Leben noch irgendeine Kreatur uns scheiden kann von der Liebe Gottes, die in Christus Jesus gegenwärtig ist«. Für sie bedeutet die verborgene Gegenwart des Reiches Gottes die Gewißheit der Hoffnung, daß er zum Siege kommen wird in dieser tief gefährdeten Schöpfung. Jünger sind Menschen, die stellvertretend für die ganze Schöpfung in ihren Qualen und in ihrer Nacht den Sieg des Lichtes schon sehen, von den Strahlen des Lichtes ergriffen sind und stellvertretend für die ganze Schöpfung warten auf den Tag Jesu Christi, auf die Offenbarung des Reiches Gottes.

Ist das ein untätiges Warten? Ich denke, ganz im Gegenteil. Einmal: Jetzt sind sie gestärkt gegen jede Resignation, die uns aus den Erfahrungen, die wir an uns selbst machen, und aus den Erfahrungen an der Welt um uns her verführt, alle Viere von uns zu strecken und zu glauben an den Sieg des Widergöttlichen gegen Gott. Das ist die eigentliche Sünde des Jüngers, um deren Vergebung wir bitten müssen, aus der wir gerettet werden müssen. Das ist das Eine.

Und das Andere: Gerade in diesem Warten werden die Jünger Jesu das Äußere angreifen. Die eigene Erfahrung jedes Jüngers besteht darin, daß der Geist des Reiches Gottes auch Mauern überspringen und Absperrungen durchbrechen kann in meinem eigenen Herzen. Aber der, der dies erfahren hat, wird darum nicht Mauern und Absperrungen gering achten, und wir alle sehen, wie äußere Verhältnisse zu Mauern werden können gegen das Reich Gottes, wie Menschen durch äußere Verhältnisse zugrunde gerichtet werden, verkümmern, nicht mehr hoffen und nicht mehr glauben können. Der Jünger, der erfährt, daß er in den gottwidrigen Verhältnissen erreicht wird vom Reiche Gottes, in Kerker und Verfolgung, in Hunger und im Wohlstandskonsum, daß Gott sich nicht absperren läßt, dieser gleiche Jünger sieht voll Barmherzigkeit und Gram, wie überall Verhältnisse es fertig bringen, von Gott abzusperren. Darum geht er ans Organisieren und ans Bessern von Verhältnissen in der Kirche und in der Welt, um dem Reich Gottes von außen nach innen den Weg zu bahnen, zugleich aber bittend um den Geist Gottes, der allein im Innern die Veränderung und Verwandlung schaffen kann, den Geist Gottes, der weht, wo er will, den wir nicht kommandieren und nicht organisieren können, und auf den all unser Organisieren, alles Verändern der Verhältnisse angewiesen ist, weil ohne den lebendigen Geist Gottes in Kirche und in Welt alles leblos und geistlos und fruchtlos bleibt. So bahnen wir durch unser Tun, durch das, was wir ändern und organisieren können im Äußeren, dem Geist Gottes den Weg für das, was er allein tun kann, damit auch bei anderen

Menschen inwendig Reich Gottes Platz greift und sich das auch wieder auswirkt in der Änderung äußerer, gottwidriger Verhältnisse. So ist das Reich Gottes inwendig in uns und will zugleich heraus aus uns in die äußere Welt, in die ganze Schöpfung. Das Reich Gottes ist in unserer Mitte dadurch, daß Jesus in unsere Mitte getreten ist und lebt und wirkt durch seinen Geist heute und alle Tage bis zur Offenbarung seines Sieges.

Daß wir daran teilnehmen dürfen, Herr, deine Zeugen sein dürfen in verzweifelter Welt um uns herum, Kraft und Mut verbreiten können, und auch etwas beitragen können zur Verbesserung der äußeren Dinge in der Welt, darum bitten wir dich mit Dank für deine Verheißung.
Wir brauchen das sehr nötig, Herr, deine Verheißung neu zu hören, du werdest siegen, und dein Leben in uns und um uns. Wir bitten dich: drücke uns das so ins Herz, daß wir ganz von daher leben, nicht zweifeln, Mut bekommen zu neuen Taten für dein Reich!
Wir bitten dich darum für deine Kirche, die diese Freudenbotschaft ausbreiten soll in die letzten finsteren Winkel der Welt und unseres Herzens: Reinige du sie selbst mit deinem Geist von allem Widergöttlichen! Komm in deiner Kirche zur Herrschaft, damit sie deine Herrschaft in der Welt verkündigen kann!
Wir bitten dich für die Synode unserer West-Berliner Kirche in diesen Tagen. Gib den Synodalen gehorsames Aufmerken auf deine Wege, Freiheit von eigenen Vorurteilen, von Lieblingsgedanken, aufmerksames Hören aufeinander! Gib rechte Beschlüsse! Segne, was in deinem Namen vorgenommen wird! Hilf uns vor allem, mit den Gemeinden jenseits der Mauer innere Gemeinschaft zu halten, und laß uns erkennen, was dort nötig ist, wie du uns erkennen lassen mögest, was hier auf unserer Seite in deinem Geist nötig ist!
Wir bitten dich im Blick auf das gottwidrige Morden in

Vietnam: Hilf, daß die großen Mächte endlich dieses arme Volk sich selbst überlassen, es selbst seine Geschicke in die Hand nehmen lassen! Mach dem Krieg ein Ende und dem Morden überall! Wehre dem Geist der Gewalt in aller Welt, in unseren Häusern, bei uns, in unseren Zeitungen!

Wir danken dir, daß die Verhaftungen in den letzten zwei Wochen nicht Menschenleben gekostet haben. Nun bitten wir dich gerade deswegen für alle Verhafteten in unseren Gefängnissen, für alle, die sie bewachen, für die Polizei und für die Richter: Hilf, daß jeder, der für Recht und Frieden sorgen muß, seine Augen richte auf dein Recht und deine Liebe zu den Menschen erkenne, auch zu denen, über die er richten muß! Und allen in den Gefängnissen gib deinen Geist des Lebens, und ebenso in den Krankenhäusern und in den Ehen und Familien, wo Eltern und Kinder so schwer zueinander finden, und in den Schulen und Hochschulen!

Wir bitten dich in unserer Ratlosigkeit: Herr, es vergehe, was gegen deinen Willen ist, und zukomme uns dein Reich!

FÜR ALLE EINE NEUE WELT!

Und ich sah: neuen Himmel und neue Erde; denn der erste Himmel und die erste Erde vergingen, und das Meer ist nicht mehr. Und die heilige Stadt, das neue Jerusalem sah ich herabkommen aus dem Himmel von Gott, hergerichtet wie eine für ihren Mann geschmückte Braut. Und ich hörte eine große Stimme vom Throne her rufen: Siehe, die Wohnung Gottes mit den Menschen, und er wird wohnen mit ihnen, und sie werden sein Volk sein, und er selbst, Gott, wird mit ihnen sein, und er wird abwischen jede Träne von ihren Augen, und der Tod wird nicht mehr sein, und Trauer und Geschrei und Schmerz wird nicht mehr sein; denn das Erste ist vergangen. Und es sprach, der da sitzt auf dem Throne: Siehe, ich mache alles neu. Und er spricht: Schreibe, weil diese Worte treu und wahrhaftig sind! Und er sprach zu mir: Es ist geschehen. Ich: das A und das O, der Anfang und das Ziel. Ich werde dem Dürstenden geben aus der Quelle des Wassers des Lebens umsonst. Der Sieger wird dies erben, und ich werde ihm Gott sein, und er wird mir Sohn sein. Den Feiglingen aber und Ungläubigen und Abscheulichen und Mördern und Hurern und Giftmischern und Lügnern wird ihr Teil sein in dem brennenden Feuer- und Schwefel-See: das ist der zweite Tod. Offb. 21,1–8

Diese Zukunft ist das wegweisende Licht für die Gegenwart, wie ein fernes Licht Menschen, die sich in sternloser Nacht mühsam durch Gestrüpp und Sumpf und Fallgruben einen Weg bahnen müssen, ein lebensrettender Fixpunkt sein kann. Wohin geht es mit uns? Worauf soll das Ganze hinaus? So *kann* der Zuschauer fragen, achselzuckend, vielleicht auch belustigt, wenn er dem Welt-

theater zusieht; und er kann gemächlich abwarten, ob es überhaupt eine Antwort gibt, und was für eine; er ist ja nur Zuschauer, ihn betrifft das nicht. So *müssen* aber diese Menschen in der sternlosen Gewitternacht fragen; für sie hängt alles daran, ob der Weg zu einem Ziel, in eine Heimat führt, ob das Licht ein rechter Wegweiser oder ein Irrlicht ist.
Es kann ja auch sein, daß ihnen kein Licht erscheint. Ohne Wegweisung, ohne Kompaß müssen sie sich dann vorwärtsschlagen, angewiesen allein auf ihre eigenen Berechnungen, rasch uneinig werdend über der Frage, welche Berechnung die beste ist, auseinanderlaufend, gegeneinander arbeitend, einander bekämpfend – und vor ihnen kein Licht! Gänzliche Ungewißheit, ob es überhaupt ein Ziel und darum auch ein Vorwärts gibt, ob die Menschheitsgeschichte nicht nur ein blindes Tappen im Kreise ist. Dann freilich wäre es wohl gescheiter, allen Streit zu unterlassen, nicht mehr vorwärtszustreben, sondern nur noch für den Tag und in den Tag hinein zu leben. Weil das Ganze keinen Sinn hat, wird mir mein heutiges Wohlergehen zum alleinigen Sinn meines Lebens.
Nun werden wir nie vergessen dürfen, daß diese Schrift, die sogenannte »Offenbarung St. Johannis« ein Brief ist, geschrieben an ein paar Menschengruppen in kleinasiatischen Städten vor 1900 Jahren, die sich zusammengetan und miteinander aufgemacht haben, weil sie ein Licht gesehen und eine Verheißung gehört haben. Aus lichtlosem, ziellosem Sich-Drehen im Kreise bekam ihr Leben plötzlich Ziel und Richtung, bekam die Gegenwart einen großen Inhalt durch das Licht der Zukunft, aber freilich auch Kämpfe und Schwierigkeiten mehr als bisher. So hatten sie es nötig, dringend nötig, solche Gesichte, solche Seher in ihrer Mitte zu haben. Die Vision der Zukunft ist ein unentbehrlicher Trost für diejenigen, die durch die Verheißung der Zukunft aufgestört und mobilisiert worden sind zum Bruch mit der alten Gesellschaft und zu

einem abenteuerlichen Ringen um Überwindung der alten Lebensregeln und um Verwirklichung einer neuen Lebensweise. Sie fragten keuchend, ermattet, von der undurchdringlichen Schwärze der Nacht entmutigt, vom Spott derer verwirrt, die ihre Hoffnung für Verrücktheit erklären, dem Erliegen nahe: »Wo soll's hinaus? Sieht einer noch das Licht – oder ist's schon ganz verschwunden? Ist das Licht tot? Ist Gott tot?«

»Und ich sah einen neuen Himmel und eine neue Erde.«

Viel ist geschehen in diesen 1900 Jahren, seit die damals in ihrer Bedrängtheit den Brief ihres Bruders bekommen haben mit dem unentbehrlichen Trost der Vision des Ziels, und viel ist geschehen innerhalb des Briefes seit der Anfangsvision des Menschensohnes. Das Viele, was geschehen ist zwischen damals und heute, und das Viele, was geschehen ist innerhalb des Briefes zwischen seinem Anfang und seinem Ende, das gleicht sich auffallend: schreckliche Plagen sind über die Erde gegangen, die apokalyptischen Reiter, Krieg, Hunger und Pest vernichtend über Völker hinweggerast, das Tier aus dem Abgrund hat als totaler Staat da und dort die Macht ergriffen, Blutzeugen Jesu haben ihr Leben nicht geliebt bis in den Tod und sind durch den Geist der Kraft zum Martyrium gestärkt worden. Diesen Weg haben die Leser durchmachen müssen beim Lesen dieses Briefes, ihn haben sie durchmachen müssen in ihrem Leben, und ihn haben wir durchmachen müssen in diesem blutigsten aller Menschheitsjahrhunderte und befinden uns noch mitten auf ihm, und von diesem Weg aus bekommen wir durch den Seher alle Stationen des Weges hindurch das Ende, das Ziel vor Augen gestellt. Wozu? Damit die Vision des Ziels die letzten Kräfte wachruft. Damit keiner schlapp macht. Damit jeder sich neu sagen kann: Das Licht ist nicht tot! Gott ist nicht tot! Die Hoffnung ist nicht unbegründet, Jesus ist nicht ein leerer, toter, vergangener Name, nicht nur der Gekommene, sondern der Kom-

mende, das Licht der Welt, die im Dunkeln liegt, das Licht auf dem Wege, das Licht der Heimat, auf die wir zugehen.
Darum haben wir diesen Gottesdienst mit einem Osterlied begonnen (»O Tod wo ist dein Stachel nun?«) und ein Lied von der harten und hoffnungsgestärkten Wanderschaft gesungen: »Mein Leben ist ein Pilgrimstand«. Wir müssen bei diesem zweiten Liede und bei manchen anderen im Gesangbuch freilich bedenken, daß in ihnen die Christenheit auf ihrem Wege ihre Hoffnung manchmal etwas eingeschränkt zum Ausdruck gebracht hat: zu sehr auf das einzelne Ich nur bezogen und darum das Ziel nur als Erfüllung für den Einzelnen droben im himmlischen Reiche beschreibend. Jesus aber ist das Licht nicht nur der Einzelnen und nicht nur der kleinen Gemeinde von Glaubenden und nicht nur droben, über uns im Himmel. Jesus ist »das Licht der Welt« (Joh. 8,12), das Licht der ganzen Menschheit, das von vorne her ihr auf den Weg leuchtet und ihrem Wege den Sinn verheißt, und das Reich, das er in Kreuz und Auferstehung uns errungen hat, ist nicht nur ein himmlisches Reich, sondern *»ein neuer Himmel und eine neue Erde«*. Diese Erde und diese Menschheit sollen nicht in der Nacht untergehen, sondern »voll werden von der Herrlichkeit des Herrn« (4. Mose 14,21). Auch wenn das ganz unglaublich zu sein scheint, für diese Hoffnung hat die Christusgemeinde einzutreten, von ihr muß sie erfüllt sein, um ihre Erfüllung muß sie ringen und beten, und in dieser Hoffnung muß sie jetzt schon allen Menschen sich barmherzig und hoffnungsvoll zuwenden und für das Abwischen von Tränen und für die Verringerung von Leid und Geschrei und Schmerz arbeiten. Wenn sie egoistisch nur ans eigene Seligwerden denkt und nur ein Jenseits-Christentum verkündigt, dann geschieht es zu ihrer tiefen Beschämung, daß andere außerhalb der Gemeinde diese Hoffnung für die Welt aufgreifen und proklamieren, und wenn sie sie

dabei mißverstehen und entstellen, dann ist es nicht so sehr ihre Schuld als vor allem die der Christenheit, die die große Hoffnung für die Welt zu einer kleinen Hoffnung für ein paar fromme Seelen verkümmert hat.

Als 1918 die Rote Armee in den baltischen Ländern kämpfte, da drang, wie mir einmal der heimgegangene sächsische Bischof Hugo Hahn, der Bruder des baltischen Märtyrers Traugott Hahn, erzählt hat, in Riga ein Trupp von Rotarmisten in eine Kirche ein, und einer von ihnen, offenbar ein Mann mit evangelischer Erziehung, schlug auf der Kanzel die Bibel auf und verlas unsern Text aus der Offenbarung, besonders Vers 4, schlug die Bibel wieder zu und sagte: »Das ist unser Programm, das werden wir jetzt durchführen.«

Nun ist es sehr leicht, gleich dagegen zu sagen, daß dieser Mann sich leider gründlich geirrt hat, daß Tränen, Geschrei und Schmerz durch den Kommunismus bisher nicht geringer geworden sind, daß vielmehr der Kommunismus so, wie er ist, zu Tränen, Geschrei und Schmerz sein gerüttelt Maß beigetragen hat, und dies wohl eben deswegen, weil er selbst allein mit menschlichen Kräften und mit menschlicher Gewalt durchführen wollte, was nach der biblischen Verheißung doch *»von oben herab«* (V. 2) kommt, also eine Revolution, die allein der lebendige Gott durchführen kann. Das ist sehr wahr. Aber es wird unwahr, wenn nicht hinzugefügt wird, was dieser Rotarmist sehr richtig verstanden hat, und das ist zweierlei:

1. Wirklich dieser Welt »mit ihren tausend Plagen und großen Jammerslast, die kein Mund kann aussagen«, gilt die Verheißung, nicht nur dem inneren Menschen, der Seele, sondern dieser von Hunger und ungerechter Justiz und kolonialer Ausbeutung und brutalen Militärdiktaturen und leiblichen und seelischen Krankheitsnöten gequälten Menschheit. Gegen dies alles erklärt sich der lebendige Gott, dies alles soll nicht ein ewiges Schicksal sein.

Und 2. Gegen dies alles müssen nun auch wir, die Jesus-Gemeinde, uns erklären – und nicht nur erklären, sondern dagegen tätig werden, uns ja nicht damit abfinden, ja nicht die Menschen bloß zur Ergebung in ihr Schicksal erziehen und nur um ihr Seelenheil uns kümmern. Denn hier in der Verheißung ist ja beides unlöslich miteinander verbunden, das Vertikale und das Horizontale, das Himmlische und das Irdische, die Gemeinschaft mit Gott und die Gemeinschaft der Menschen untereinander, das Heil der Seele und das Wohl des Leibes. So dürfen auch wir dieses Zusammengehörige ja nicht trennen. Es muß uns das seelische und moralische Elend unserer Städte im Blick auf die neue Gottesstadt nahegehen: das vielfältige materielle Elend, das es auch in unseren äußerlich so wohlständig aussehenden europäischen Städten gibt, und ebenso das riesengroße Elend, das sich heute, sprunghaft zunehmend, in den Städten Amerikas, Afrikas und Asiens anhäuft.

Die Verheißung will uns helfen, den Anblick dieses Elends im Blick auf die kommende Gottesstadt zu ertragen, und will zugleich diesen Anblick uns unerträglich machen, will uns aktivieren zum tätigen Protest dagegen, karitativ und politisch. Wer diese Verheißung wirklich gehört hat, der kann sich nicht mehr beruhigen über Tränen und Schmerz, – dem wird es schrecklich, daß wir alle mit schuldig sind an Leid und Geschrei auf dieser Erde, der wird helfen, daß eine christliche Gemeinde entsteht, die Gott mit ihren Gebeten bedrängt wie Moses und Hiob um endliche Erfüllung seines Versprechens, und die zugleich zusammenarbeitet mit allen, die den Ursachen von irdischem Leid zu Leibe rücken wollen. Nicht in der Illusion, als könnten wir selbst das Gottesreich verwirklichen, wohl wissend, daß die Bosheit zu tief im Menschenherzen sitzt, als daß wir sie mit unserer Macht ausrotten könnten, aber zum Zeichen, daß sie die Verheißung wirklich gehört hat, entschlossen darauf aus, zu ändern, was sich ändern läßt, und herauszubringen, ob sich nicht viel mehr ändern läßt, als wir bisher in unserer trägen Phantasielosigkeit und unserer egoistischen Zufriedenheit darüber, daß es uns selbst so gut geht, gedacht haben.

So wirkt der Blick auf die große Erfüllung gegenwartsbestimmend in unser jetziges Leben herein, macht uns nicht faul, sondern tätig, reißt uns heraus aus unserer Resignation, verhindert, daß wir erdrückt werden und mutlos durch die scheinbare Vergeblichkeit unseres Kampfes gegen Tod und Elend, und gibt diesem Kampfe einen ewigen Sinn. Weil Gott die Tränen abwischen wird, hat es Sinn, hier schon Tränen zu trocknen und zu verhindern. Weil der Tod, »der letzte Feind« (1. Kor. 15,16), abgetan werden wird, hat jetzt schon der an sich doch vergebliche Kampf des Arztes gegen den Tod einen großen Sinn. Weil der Schmerz verschwinden soll, wird jetzt schon jede Schmerzstillung durch eine Aspirin-Tablette, jede Wohltat einer Spritze zum Hinweis auf die große Verheißung. Weil Gottes Reich ein Reich der Freiheit sein will, ist jetzt schon der Kampf gegen Unterdrückung in Griechenland, in Südafrika und überall sonst eine Demonstration für das Reich Gottes. Ohne die Verheißung ist das alles freilich nur eine flüchtige Besserung; von der Verheißung her aber sind es Zeichen dafür, daß wir sie gehört haben und nun durch das, was Gott zu tun verspricht, ermuntert sind, selbst alles zu tun, was wir nur zu tun vermögen.

Weil wir aber dann gerade schmerzlich merken werden, wie eng uns die Grenzen unseres Tuns gezogen sind, darum wird uns die unermeßliche Universalität der Verheißung in unserem Text unentbehrlich, wichtig, tröstlich und stärkend werden. Herrlich ist diese Vision gerade deshalb, weil sie so unglaublich, so übervernünftig ist, und unglaublich über alle unsere Vernunft hinausgehend ist sie, weil sie so unermeßlich ist. Zum Wichtigsten in ihr gehört das Wort *»alle«*, *»alle Tränen«*, *»alles neu«*! Das heißt doch: Es ist nichts vergessen, nichts verloren, nichts abgeschrieben; es wird an alle und an alles gedacht. Es werden alle gerettet, alles zur Erfüllung gebracht. Werden die Tränen abgewischt, so heißt das doch: Die geweint haben, können wieder lachen und sagen: »Nun ist alles gut!«, ob sie nun Tränen der Verzweiflung, der Trauer am Grabe oder auch die bitteren Tränen der Reue geweint haben, und auch die Kindertränen von Vietnam und Biafra und überall und zu allen Zeiten, die Menschen am meisten die Faust gegen Gott ballen lassen, auch sie werden getrocknet werden unter der Sonne Gottes, und diese Kinder, längst vermodert, werden strahlen: »Nun ist alles gut!«

Wer soll das glauben? Und wer soll das fertig bringen? Hier sehen wir, was gemeint ist, wenn der wichtigste Gottestitel im Neuen Testament lautet: »der, der von den Toten auferwecken wird«. Totenauferweckung – das heißt: Was keiner mehr gut machen kann, das kann noch gut gemacht werden. »Gott« – das heißt: der, der gutmachen kann, was keiner mehr gutmachen kann. Alle Zukunftshoffnung ohne Gott muß abschreiben, was nicht mehr gutzumachen ist, – und das ist entsetzlich viel. Christliche Hoffnung heißt: Es wird alles noch gut gemacht.

Auch das, was der Verfasser unseres Offenbarungsbuches in dem letzten Vers (V. 8), den wir nach all diesen schönen Versen sicher mit Schrecken gehört haben, ausschließt! Denn ich meine, wir dürfen dieses »alle und alles« sogar *gegen* diesen letzten Vers anwenden. Was soll denn werden mit diesen armen Leuten, den Feiglingen (wer von uns ist denn nicht schon einer gewesen?), den Ungläubigen (wer gehört nicht oft genug dazu?), den Götzendienern (sollen denn alle Heiden verdammt sein?), den Lügnern (wer ist denn frei von Verlogenheit?)? Wird bei solchen Menschen das Gutmachen, die schöpferische gutmachende Vergebung eine Grenze haben? Hat

das der Verfasser wirklich gehört? Hat er das vielleicht aus eigener Leidenschaft hinzugefügt? Jedenfalls: wenn wir dieses »alle und alles« hören, dann können wir doch gar nicht anders, als für alle zu bitten, für alle die Mörder und Götzendiener und Lügner, die die Welt ruinieren, für alle diese Sünder wie für uns selbst als Sünder, es möchte für alle gelten: Es wird alles gutgemacht, gerade auch das, was wir böse gemacht haben; es darf alles kommen zu einem neuen, richtigen, wirklichen Leben. Das ist der Gott, an den wir glauben dürfen, ohne den wir uns abfinden müßten damit, daß nichts gut werden kann, was einmal böse getan worden ist, daß Schuld Schuld und Tod Tod bleibt. Ohne ihn gilt für alle Zeiten, auch für eine neue Gesellschaft, die wir doch zustandebringen müssen, das Wort des Predigers Salomo: »Was ist's, was man getan hat? Eben, was man hernach wieder tun wird. Es geschieht nichts Neues unter der Sonne. Geschieht noch etwas, davon man sagen möchte: Siehe, das ist neu?« (1,9 f).
»Der auf dem Throne sprach: Siehe, ich mache alles neu!« Ihm vertrauend wagen nun auch wir in dieser alten Welt, mit Erneuerung zu rechnen und Neues zu versuchen. Alle Weisungen Jesu sind Ratschläge für dieses Neue.

Herr, du kennst unsere Gedanken und siehst uns. Höre uns, wenn wir jetzt mit unserer Fürbitte zu dir kommen!
Wir bitten dich, Herr, für die Welt unserer Tage, besonders für jene Menschen, die von Krieg und Unrecht bedroht sind. Wir denken an den großen Hunger in Biafra, das Morden in Vietnam und die Bedrohung im Nahen Osten und wissen von uns selbst, daß wir oft diese Menschen, die so weit weg wohnen, vergessen, uns nicht in Bewegung setzen, um ihr Schicksal aufzuheben, keine Partei ergreifen.
Herr, wir bitten für die Menschen in den Slums der Groß-

städte, in den Flüchtlingslagern, wecke auf in unserer Mitte die Kräfte, mit denen wir die Armut bekämpfen können, daß wir Wege finden mögen, um das Unrecht auszutreiben!
Wir bitten für die revolutionären Bewegungen in Latein-Amerika, für die Befreiungsfronten in Amerika und Asien, für den Studentenprotest in Europa und Amerka: Mache diese zu Instrumenten für Frieden und Recht unter den Menschen!
Für den Friedenskongreß in Ostberlin bitten wir und für alle ähnlichen Veranstaltungen, damit die vielen Worte, die dort gesprochen werden, einen Inhalt bekommen, der Menschen verändern kann. Herr, wir bitten für die ČSSR und ihre Zukunft. Zeige den Menschen einen Weg nach vorn, daß sie nicht resignieren, daß sie die Hoffnung auf die Erneuerung des Sozialismus nicht aufgeben!
Für alle, die Krieg wollen, die aus der Vernichtung und Ausbeutung anderer Profit ziehen: Befreie sie aus ihrer Unmenschlichkeit, hilf, die unmenschlichen Systeme zu ändern!
Herr, wir bitten für die Kirche. Vergib deiner Kirche, daß sie oft unglaubwürdig ist, daß sie zu wenig deine Friedensgruppe in dieser Welt ist! Wir bitten um Erneuerung der Gemeinde. Laß uns von deiner Zukunft her denken und handeln! Wir bitten dich für die Regional-Synode, die in diesen Tagen in Westberlin gehalten wird: Mache sie zum Instrument neuer Möglichkeiten! Denn du, Herr, gibst der Gemeinde neue Möglichkeiten. Laß nicht zu, daß sie ängstlich und unsicher zurückbleibe und festhalte an dem, was längst abgestorben ist!
Herr, wir beten für uns selbst. Du hast uns das Leben geschenkt. Mache uns nun auch bereit, es mit andern zu teilen, damit unser Wohlstand uns nicht zum Gericht wird!

III. Geschichten aus der alten Welt für die neue Welt

EIN CHRISTLICHES TRAUERSPIEL IN DREI AUFZÜGEN

Darum ist das Himmelreich gleich einem König, der mit seinen Knechten rechnen wollte. Und als er anfing zu rechnen, kam ihm einer vor, der war ihm zehntausend Pfund schuldig. Da er's nun nicht hatte zu bezahlen, hieß der Herr verkaufen ihn und sein Weib und seine Kinder und alles, was er hatte, und bezahlen. Da fiel der Knecht nieder und betete ihn an und sprach: Herr, habe Geduld mit mir; ich will dir's alles bezahlen. Da jammerte den Herrn des Knechtes, und er ließ ihn los, und die Schuld erließ er ihm auch. Da ging derselbe Knecht hinaus und fand einen seiner Mitknechte, der war ihm hundert Groschen schuldig; und er griff ihn an und würgte ihn und sprach: Bezahle mir, was du mir schuldig bist! Da fiel sein Mitknecht nieder und bat ihn und sprach: Habe Geduld mit mir; ich will dir alles bezahlen. Er wollte aber nicht, sondern ging hin und warf ihn ins Gefängnis, bis daß er bezahlte, was er schuldig war. Da aber seine Mitknechte solches sahen, wurden sie sehr betrübt und kamen und brachten vor ihren Herrn alles, was sich begeben hatte. Da forderte ihn sein Herr vor sich und sprach zu ihm: Du Schalksknecht, alle diese Schuld habe ich dir erlassen, dieweil du mich batest; solltest du denn dich nicht auch erbarmen über deinen Mitknecht, wie ich mich über dich erbarmt habe? Und sein Herr ward zornig und überantwortete ihn den Peinigern, bis daß er bezahlte alles, was er ihm schuldig war. Also wird euch mein himmlischer Vater auch tun, so ihr nicht vergebet von eurem Herzen, ein jeglicher seinem Bruder seine Fehler.

Matth. 18,23–35

I

Wer ist ein Christ? Wann darf sich einer einen Christen nennen? Bei dem Vortrag, besser gesagt: bei der sehr ernsten und sehr ernstzunehmenden Bußpredigt, die Rudolf Augstein vor zehn Tagen unter dem Titel »So stelle ich mir die Christen vor« uns allen in der Kongreßhalle gehalten hat, und bei den daran sich anschließenden Gesprächen wurde diese Frage viel erörtert. Augstein hatte folgenden Leitsatz angegeben: »Ein Christ ist einer, der sich für einen Christen hält und ausgibt. Solange einer sich dafür hält, soll ihm bis zum Beweis des Gegenteils zugestanden werden, daß er es sei, und solange sich einer für einen Christen ausgibt, soll er dabei behaftet und unerbittlich dafür in Anspruch genommen werden.« Das ist eine gute Regel, die durch unsern Text bestätigt wird. Wie gut sie ist, zeigt sich gerade dann, wenn wir sie durch unsern Text auffüllen lassen, d.h. wenn wir durch das Wort Jesu inhaltlich bestimmen lassen, was ein Christ sei, wofür einer sich hält und ausgibt, wenn er sich für einen Christen hält und ausgibt.

Ein Christ ist ein Mensch, der ruft, wie wir soeben gesungen haben: »Mir ist Erbarmung widerfahren!« Ein Christ ist ein Mensch, der in die Kirche hineingeht wie dieser Mensch hier, zitiert zur Abrechnung vor den Thron seines Königs, schwer beladen mit Schuld, und der dann aus der Kirche herauskommt als ein tief aufatmender, befreiter, in ein neues Leben entlassener Mensch mit dem Jubelruf: »Mir ist Erbarmung widerfahren!« Der Gottesdienst ist die Stunde, in der dies beides zusammentrifft: unser Schuldbekenntnis und Gottes Schulderlaß. Das Evangelium ist das Wort, in dem dies beides über uns ausgesprochen wird: das Todesurteil und die Amnestie. Ein Christ ist ein Mensch, der sich zur Verkündigung des Evangeliums hält, sich diesem Wort als einem schlechthin gültigen, endgültig wahren und unanfechtbaren Wort unterstellt und es sich gefallen läßt, der sich das Bittere und das Süße in diesem Wort gleichermaßen gefallen läßt, der es sich gefallen läßt, durch dieses Wort aus der Illusion – und aus der Verzweiflung gerissen zu werden.

Dieses Wort reißt uns aus einer Illusion, in der wir uns alle, in der sich alle Menschen befinden, bevor dieses Wort sie erreicht und ihnen die Wahrheit sagt. Die Illusion besteht darin, daß wir ohne das Dazwischentreten des Evangeliums alle meinen, Gott gegenüber Recht zu haben. Wir halten uns für ganz annehmbare und ordentliche Knechte Gottes, oder, wenn wir das nicht so religiös ausdrücken wollen – für Menschen, zwar mit Fehlern, aber doch auch mit Tugenden und Verdiensten, die, bei allem Eingeständnis ihrer Unvollkommenheit, vor einem göttlichen Gericht wohl auch auf Anerkennung ihrer Leistungen und mindestens ihres guten Willens rechnen können, und die darum einen Rechtsanspruch auf etwas Glück und Belohnung in aller Bescheidenheit vorbringen können. Eher könnten wir für alle die unbegreiflichen Ungerechtigkeiten und Grausamkeiten dieser Welt den Schöpfer anklagen, als daß der Schöpfer ein Recht hätte, uns anzuklagen – und in dieser Umdrehung aller gegen sie gerichteten Anklagen in Anklagen gegen das Schicksal, gegen die Natur und gegen Gott sind manche Menschen ja große Meister. Während wir in unserem Jahrhundert darüber diskutieren, ob der Glaube an Gott eine Illusion sei, befinden wir uns mit dieser selbstgefälligen Überzeugung von unserer Vortrefflichkeit in einer Illusion, mit der es zu Ende ist, wenn das Wort des Evangeliums uns trifft. Dieser Knecht im Gleichnis ist dann unser Spiegel:

Ein Christ ist ein Mensch, dem im Angesicht des Kreuzes Jesu Christi die Erkenntnis aufgegangen ist, daß es mit ihm nicht erfreulich, auch nicht leidlich, sondern schrecklich steht, daß auf der Seite des Gerichtes des lebendigen Gottes alles Recht und auf seiner eigenen Seite kein Recht ist, daß eine Millionenschuld auf ihm lastet. Die Summe, die hier im Gleichnis genannt wird (10 000 Pfund = über 40 Millionen Mark), ist so ungeheuerlich, daß nach vernünftiger Rechnung ein damaliger Mensch gar keine Aussicht hatte, eine so riesige Schuld anzuhäufen, geschweige denn, sie wieder abzutragen. Jesus wählt diese Riesenzahl, um damit deutlich zu machen, daß vor dem göttlichen Gericht in der Frage der Schuld nicht mit den Maßstäben unserer für die Weltdinge zuständigen Vernunft zu rechnen ist. Wer unter das Licht des heiligen Gottes gerät, der verteidigt sich nicht mehr, der weiß: es ist aus mit mir, ich habe alles Recht verloren. Aber im ganzen Ausmaß erkennt er dies erst im Rückblick, erst vom Freispruch her, erst wenn er als Begnadigter aus dem Palast des Königs heraustritt und wieder leben darf. Hat er vorher sich noch Illusionen gemacht, hat er vorher noch wie dieser Knecht das gänzlich illusionäre Versprechen gegeben: *»Ich will dir alles bezahlen,* alles wieder gutmachen!« – jetzt weiß er, daß er anders als durch die Gnade des Herrn nicht wieder zum Leben gekommen wäre. Das Wort der Vergebung, vom Kreuze Jesu her kommend, hat mich aus aller Illusion über mich selbst gerissen, zugleich aber auch aus der tödlichen Verzweiflung, in der ich umgekommen wäre, wenn mir nichts anderes enthüllt worden wäre als diese unerbittliche und schreckliche Wahrheit über mich selbst. Ein Christ ist also ein Mensch, der über sich selbst keine Illusionen und Gott gegenüber keine Verzweiflung haben kann, dem eine Millionenschuld geschenkt ist und der deshalb jubelnd ruft: »Mir ist Erbarmung widerfahren!«

Das ist ein Hauptinhalt unseres christlichen Glaubens, und wahrhaftig ein herrlicher Inhalt! Aber wehe, wenn es uns der einzige Inhalt wäre! Unser Gleichnis hat zwei Akte, und der zweite Akt ist ebenso wichtig wie der erste. Oft genug ist es so, daß in der Christenheit dieser 2. Akt übersehen und vernachlässigt wird (unser Gesangbuch ist leider ein Beispiel dafür: man kann in ihm viele Lieder zum 1. Akt, aber nur wenige zum zweiten finden!). Dann erscheinen die Christen als diejenigen, die fein heraus sind gegenüber den anderen: sie haben die Gnade und Vergebung in der Tasche und das richtige Menschenbild und Gottesbild dazu, die anderen aber haben nichts davon, und deshalb entsteht nun ein hochmütiger Eifer bei den Christen, die anderen zur gleichen Erkenntnis zu bekehren, aber auch ein eifriger Hochmut, über die anderen abzuurteilen und sie zu bekämpfen, oder auch schließlich ein hochmütiges Sichabsondern von den anderen, die man sich vom Leibe hält, um in der Stille die Gemeinschaft mit Gott und die Vergebung Gottes zu genießen.

Durch dieses Gleichnis wird das alles zerschlagen. Es gibt kaum einen nötigeren Bibeltext für die heutige Christenheit in Deutschland als dieses Gleichnis Jesu. Mit diesem Gleichnis wird uns nicht unser Christsein bestritten, im Gegenteil: der, der hier aus dem Palast herauskommt, hat vollkommen recht, wenn er sich für einen Christen hält und öffentlich ausgibt, also für einen Menschen, dem Erbarmung widerfahren ist. Dabei wird er jetzt aber gerade gepackt, daraus entsteht nun ein Anspruch an ihn, an uns alle, daß uns Hören und Sehen vergeht. Das könnte uns so passen, wenn wir uns nun in einen stillen Winkel zurückziehen könnten, um mit Gleichgesinnten die Gnade zu genießen – oder auch, wenn wir nun aus dem Palast hinausgeschickt würden, um allen anderen die richtige Gotteserkenntnis und das richtige Menschenbild beizubringen. Das Christentum als Mittel zum Genuß oder als Sockel für unsere Selbsterhöhung über alle armen Schlucker um uns her, über die Ungläubigen und die Andersgläubigen, denen wir die Wahrheit als Besitzer der Wahrheit einzupauken haben – das sind häufige Erscheinungsformen des Christentums in der Geschichte. Dadurch entsteht auf der einen Seite der christliche Rückzug aus der Welt und auf der anderen Seite der falsche christliche Kreuzzug in die Welt – auf der einen Seite ein egoistisches Christentum, das sich um sich selbst dreht, und auf der anderen Seite ein hochmütiges Christentum, das die Welt beherrschen will mit christlichem Staat und christlichen Parteien, bei dem die Christen von den anderen verlangen, sie sollten Christen werden, statt allein von sich selbst zu verlangen, daß sie selbst Christen seien. Durch diese beiden Formen von Christentum ist das Christentum heute bei uns, hinter der Fassade des christlichen Abendlandes, des christlichen Westens, trotz und wegen christlicher Regierungspartei und großen Privilegien für die Kirche, in Mißkredit und in Verachtung geraten, wie wir überall feststellen können, im Westen mehr als drüben im Osten, und darum ist dieses Gleichnis der nötigste Text für uns heute. Es zerschlägt diesen christlichen Anschein: es sagt, wie der wahre und große Anspruch aussieht, der den erwartet, dem Erbarmung widerfahren ist, ein sehr unbequemer Anspruch.

Gnade ist nicht zum Genuß da, und Gnade ist nicht zur Selbsterhöhung da. Das könnte uns wohl gefallen, wenn es so wäre, aber es ist nicht so. Der große Bibeltheologe Adolf Schlatter sagt einmal, das »Axiom Jesu« sei: »Geben ist seliger als Nehmen, und Dienst ist das Ziel der Gnade.« Das ist ein Wort zum Auswendiglernen! Was für ein Dienst ist gemeint? »Laß mich an andern üben, was du an mir getan!« Was hat Er, der lebendige Gott, in Jesus Christus an uns getan? Er hat das Seinige hergegeben, damit die, die seine Schuldner waren, wieder leben können. Welche Erwartung umgibt also diejenigen, die aus dem Palast des Königs, aus dem Gottesdienst herauskommen, nachdem ihnen Erbarmung widerfahren ist? Daß sie selbst selig sind, das ist nichts Besonderes, das versteht sich von selbst. Daß sie gescheiter geworden sind und über Gott und Menschen besser Bescheid wissen als die anderen und die anderen belehren können, das ist auch nichts Besonderes, das versteht sich von selbst. Aber jetzt wird noch etwas anderes erwartet, was ihnen nicht so leicht fällt, und daran entscheidet sich alles: daß sie eben das tun, was an ihnen getan worden ist, daß sie das Ihrige hergeben, damit die, die an ihnen schuldig geworden sind, wieder leben können. Das eben ist mit dem Worte »Vergebung« gemeint.

Vergeben heißt weggeben, und das griechische Wort für vergeben (aphienai) heißt, wörtlich übersetzt, »loslassen«. Die Schuld, die ein anderer Mensch uns gegenüber hat, und der Vorwurf und das Recht, das wir ihm gegenüber haben, ist für uns wie ein Besitz, der uns über ihn erhöht, und für ihn wie ein Gefängnis, in das wir ihn einschließen. Vergeben heißt: den Besitz dieses Vorwurfs weggeben, so daß wir nicht mehr hoch über ihm stehen, und den anderen aus dem Gefängnis loslassen, so daß er sich uns gegenüber wieder frei bewegen kann. Vergeben ist nicht gleichbedeutend mit Nachgeben, heißt nicht Aufgeben des Widerspruchs und des Widerstandes gegen das Falsche und Böse, das der andere tut. Es kann sein, daß wir ihm steif widerstehen müssen, daß wir ihm kräftig die Leviten lesen müssen – aber das Aburteilen muß weg, das Übelnehmen muß weg, das Rechthabenwollen muß weg, der Hochmut muß weg, und das Nachtragen muß weg. Auch der Widerspruch und der Widerstand muß aus dem Erbarmen mit ihm kommen, muß eine Form unseres Dienstes an ihm sein und nicht eine Weise der Durchsetzung unseres Rechtes gegen ihn und unserer Selbsterhöhung über ihn.

Das ist im Kleinen ebenso schwer wie im Großen. Den Groll gegen den anderen Menschen hüten und pflegen wir oft wie unseren kostbarsten Besitz, zu ihm wollen wir auch die anderen bekehren. Den anderen auf seine Schuld festzunageln, ihn klein zu machen und vor ihm als der Gerechte groß dazustehen, ist uns eine tiefe Genugtuung, die wir nicht opfern wollen. So haben auch die Christen im Großen sich oft zu den Andersdenkenden verhalten. Sie haben den Juden übelgenommen ihr hartnäckiges Judebleiben, und an ihren Äußerungen über Nichtchristen und Atheisten heute merkt man oft, daß sie den anderen ihren Unglauben übelnehmen. Daraus entsteht ein Verhalten, das die Feindschaft zwischen Menschen vermehrt, den kalten Krieg fördert und oft genug abscheuliche Untaten, alle im Namen Christi begangen, zur Folge hat. Darum: das Übelnehmen und das daraus folgende Übelwollen muß weg und statt dessen das grundsätzliche Ja zum andern: ihm zurechthelfen wollen, mit ihm zusammenleben wollen, ihm die Tür zum Leben auftun wollen.

Zu schwer? Wem Erbarmung widerfahren ist, dem ist das nicht zu schwer, sondern eine Freude. Soweit es uns zu schwer ist, leben wir selbst noch nicht wirklich aus dem Erbarmen, das wir so rühmen. »Versöhnte leben anders.« Also: die Versöhnung wirklich ins Herz fassen – dann leben wir wirklich anders. Was dieser Knecht mit seinem Mitknecht tut, ist doch tatsächlich ganz unmöglich. Also ist das andere, das Vergeben, das neue Leben mit dem Bruder genau das, was nun durch die Erbarmung möglich ist.

II

Über dieses Gleichnis habe ich am vergangenen Sonntag in der Jesus-Christus-Kirche in Dahlem gesprochen, und am Dienstag habe ich es in einer Vorlesung in der Universität ausgelegt. Seither beschäftigt es mich so, daß ich bitte, heute noch einmal darüber sprechen zu dürfen. Es zeigt sich daran, wie recht Luther hat, wenn er einmal sagt, alle Worte der Heiligen Schrift seien infinitae intelligentiae, d. h. unerschöpflich voll an Einsichten. Man wird mit ihnen nie fertig, und hat man von ihnen zu Ende gesprochen, dann stehen sie schon wieder als ganz neue Worte und neue Aufgaben für unser Nachdenken vor uns.

Vor acht Tagen in Dahlem habe ich angeknüpft an den aufrüttelnden Vortrag, den Rudolf Augstein, der Herausgeber des »Spiegel«, vor zwei Wochen in einer Veranstaltung der Evangelischen Akademikerschaft in der Kongreßhalle gehalten hat unter der Überschrift: »So stelle ich mir die Christen vor« – und in dem er seiner Vorstellung, wie Christen sein sollen, gegenübergestellt hat, wie sie leider Gottes hier bei uns zu Lande vielfach sind. Seine Definition sei noch einmal wiederholt: »Ein Christ ist einer, der sich für einen Christen hält und ausgibt. Wer sich für einen Christen hält, dem soll, bis zum Beweis des Gegenteils, zugestanden werden, daß er einer sei, und wer sich für einen Christen ausgibt, der soll unerbittlich dabei behaftet und in Anspruch genommen werden.« Wir merken die beiden Spitzen in dieser Definition: »bis zum Beweis des Gegenteils« – und »unerbittlicher Anspruch«, gerade an einen Christen, weil und sofern er sich für einen Christen ausgibt. Genau davon handelt dieses Gleichnis Jesu.

Es ist ein Schauspiel in drei Akten; der erste spielt im Palast des Königs, der zweite draußen vor dem Palast und der dritte wieder im Thronsaal. Man könnte in Erinnerung an den doppeldeutigen Untertitel von Rolf Hochhuths Drama »Der Stellvertreter« auch diesem Schauspiel den Untertitel geben: »Ein christliches Trauerspiel«. Der schönste Akt ist der erste. Deshalb sind wir versucht, bei ihm stehen zu bleiben und uns allein in ihn zu versenken. Das haben die Theologen, die Frommen und die Gesangbuchliederdichter begreiflicherweise gern getan und dazu ist auch aller Grund vorhanden. Aber Jesus scheint das als eine Gefahr anzusehen. Denn im Unterschied zum Gleichnis vom verlorenen Sohn, wo das ganze Drama aus dem Inhalt dieses 1. Aktes besteht, dichtet er nun ein anderes Drama, bei dem alles weiter drängt zum 2. Akt. Der ist hier die Hauptsache, auf den eilt alles zu und in dem entscheidet sich alles.

Der Knecht kommt heraus aus dem Palast, wie wir herauskommen aus der Taufe, aus dem Gottesdienst, aus dem Abendmahl, aus der Beichte, aus der Bekehrung, und ruft: »Mir ist Erbarmung widerfahren!« Wo sich einer für einen Christen hält und ausgibt, da ruft er dies »Mir ist Erbarmung widerfahren«. Das ist seine Seligkeit, dazu hat er das Recht, das kann ihm kein Mensch nehmen oder bestreiten. Nun geht aber das Leben weiter, und er darf nicht drinnen im Palast, zu Füßen seines Herrn sitzen bleiben in Betrachtung der Güte dieses Herrn, er muß »hinaus ins feindliche Leben« – und als er vor die Tür des Palastes tritt, da umgibt ihn die ganze Welt, Engel und Menschen, mit einer großen Erwartung: Wie wird das nun weitergehen, wie wird dieser, dem so Außerordentliches widerfahren ist, nun weiter leben?

Wir könnten uns allerlei Naheliegendes ausdenken: Er wird einen großen Dankeshymnus anstimmen, er wird alle seine Freunde zu einem Fest zu Ehren seines Herrn einladen, er wird ein Verkündiger seines Herrn werden, den Ruhm seines Herrn weit ausbreiten und die falschen Vorstellungen bekämpfen, die manche Leute von der Strenge dieses Herrn und von der Ungerechtigkeit seines Gerichts haben; er wird vor allem den zitternden Mitknechten, die vor der Tür des Palastes Schlange stehen, weil auch sie zur Rechenschaft vor dem Thron des Königs antreten müssen, Trost zusprechen und ein Zeuge der großen Gnade sein. Soll er das etwa nicht tun? Wahrhaftig soll er das. Das genze Neue Testament sagt uns, daß Jesus seine Jünger hinaussendet in die Welt, damit sie die große Gnade allem Volk verkündigen sollen, daß eben dies ihre Hauptaufgabe ist.

Merkwürdig genug: für diese Hauptaufgabe interessiert sich Jesus hier überhaupt nicht. Es ist, als ob er sagen wollte: Anbetung, Dank, Verkündigung – alles ganz schön und gut und wichtig, aber das taugt alles nur, wenn eines dabei ist – etwas sehr Einfaches, Praktisches, ja Profanes, was scheinbar mit dem Herrn gar nichts zu tun hat. Denn unter allen Begegnungen, die der aus dem Palast heraustretende Mann haben kann und bei denen er seinen Dank, seinen Ruhm der Gnade, seine Verkündigung anbringen kann, hebt Jesus gerade die eine heraus, bei der es sich – scheinbar! – überhaupt nicht um die Beziehung zum Herrn handelt, sondern allein um die Beziehung von Knecht zu Knecht, von Mensch zu Mensch, um die Mitmenschlichkeit, wie man heute zu sagen pflegt. Wie jeder von diesen beiden zum Herrn steht, ob der eine oder der andere ein treuer oder ein untreuer Knecht, ein frommer oder ein gottloser Mensch ist, davon ist nicht die Rede, nur: der eine ist dem andern etwas schuldig. Ob jenes: »Mir ist Erbarmung widerfahren!« Auswirkungen hat nicht nur für das Verhältnis des Knechtes zum Herrn, sondern auch für das Verhältnis von Knecht zu Knecht, ob *beide* Verhältnisse dadurch neu geworden sind, sowohl das vertikale vom Knecht zum Herrn wie auch das horizontale vom Knecht zum Knecht, ob auch der Mitknecht profitiert von dem, was dem Knecht widerfahren ist, das ist die gespannte Erwartung im Augenblick, wo die beiden ganz zufällig zusammentreffen.

Die anderen Mitknechte finden es offenbar skandalös, wie dieser Mensch dem anderen an die Gurgel fährt und ihn gleich in den Schuldturm werfen läßt, wegen einer so geringen Summe. Sie halten es offenbar für selbstverständlich, daß das Erlebnis drinnen im Palast ganz bestimmte Auswirkungen draußen haben muß. Vielleicht gibt es darüber erregte Diskussionen, vielleicht weiß sich in ihnen unser Knecht, unser Christ sogar zu verteidigen: Das seien zwei verschiedene Bereiche, die nichts miteinander zu tun hätten, der göttliche Bereich, aus dem er kommt, und der menschliche Bereich, in dem sein Leben verläuft, die religiöse Ebene und die weltliche Ebene; – er müsse ja hier, auf dieser Ebene weiter leben und hier könnte er auf den von dem anderen geschuldeten Betrag nicht verzichten; der reiche Herr könne es sich leisten, auf ein paar Millionen zu verzichten, aber für ihn, den armen Schlucker, seien siebzig Mark schon eine erhebliche Summe; und außerdem könne das, was der Herr getan hat, doch nicht alle Normen und Regelungen in dieser Welt aufheben, da könnte ja die ganze Welt in Unordnung kommen. Nur keine Schwärmerei! Zwischen Gott und Mensch die Gnade, von Mensch zu Mensch das Recht; zwischen Gott und Mensch die Religion, von Mensch zu Mensch die Justiz, die Politik und das Geschäft – mit dieser Zwei-Reiche-Lehre haben viele Christen und Theologen dafür gesorgt, daß hier in der Welt schön – oder auch gar nicht schön! – alles beim alten bleibt, und haben es für ein Zeichen der Torheit der Welt erklärt, wenn die Weltmenschen meinten, verlangen zu dürfen, daß bei denen, die sich für Christen ausgeben, auch in den zwischenmenschlichen Beziehungen eine tiefe Änderung eintritt.

Aber Jesus tritt hier auf die Seite der Erwartungen der Welt. Er sagt: Die haben ganz recht, diese Mitknechte, diese anderen, wenn sie an die Christen einen besonderen Anspruch richten. Töricht und schwärmerisch wäre das erst, wenn sie von den Christen etwas Unerfüllbares erwarten, etwa daß die, denen Barmherzigkeit widerfahren ist, nun ganz heilige Menschen, absolut fehlerlose Knechte seien. Sie sollen sich natürlich aus Dank anstrengen, treue Knechte zu sein, aber Fehlerlosigkeit kann man nun einmal von einem sündigen Menschen nicht erwarten, und der Herr erwartet das auch nicht. Es wird offenbar nicht einmal erwartet, daß der Knecht die Schuld einfach streicht. Wäre er auf den Vorschlag des anderen eingegangen und hätte ihm weiter gestundet, bis der es ihm bezahlen konnte, dann wäre ihm offenbar kein

Vorwurf gemacht worden. Es wird also von den Christen keineswegs verlangt, daß sie mit Geschäften und Rechtsforderungen nichts mehr zu tun haben und entweder sich aus Wirtschaft, Politik und Recht gänzlich herauslösen oder alles umkrempeln und aufheben. Nur eines wird gesagt: So geht's nicht! So dürfen die zwei Bereiche, der göttliche und der weltliche, nicht auseinander gerissen werden. Eine ganz bestimmte Folge muß die Vertikale in der Horizontalen, muß das, was drinnen geschehen ist, hier draußen haben. Die Folge muß in einer Parallelen bestehen, in der Parallele zwischen dem Erbarmen drinnen und dem Erbarmen draußen: *»Solltest du denn dich nicht auch erbarmen über deinen Mitknecht, wie ich mich über dich erbarmt habe?«*

Hier können wir lernen, was allein Erbarmen zu heißen verdient. Wenn in der Bibel dieses Wort gebraucht wird, dann ist damit nie, wie wir es oft auffassen, ein bloßes Gefühl, ein bißchen Mitleid gemeint – wie zum Beispiel bei jenem reichen Manne, der vor ungefähr hundert Jahren durch das Elendsviertel einer Großstadt fuhr und seinem Kutscher zurief: »Johann, fahr schneller, der Anblick der armen Leute bricht mir das Herz!« Was wirkliches Erbarmen ist, das liest die Bibel an Gottes Erbarmen ab, und zwar nicht an einem Ideal, das sie sich davon macht, sondern an dem Erbarmen, das in der Geschichte Jesu Christi zur Tat und zur Geschichte wird, und wovon selbst der barmherzige Samariter, der Vater des verlorenen Sohnes und der König in diesem unserem Gleichnis nur schwache Abbilder sind: Wo der lebendige Gott sich erbarmt, da verzichtet er auf seine Würde und auf jeden Vorwurf und Abscheu wie der Vater des verlorenen Sohnes – da ist auch eine unermeßliche Schuld nicht zu groß, er streicht sie weg und verzichtet auf Recht und Besitz wie dieser König hier –, da übersteigt er alle Distanzen und Feindschaften und beugt sich zu dem, der hilflos am Boden liegt, wie der barmherzige Samariter – da verläßt er die Höhe seiner Gottheit und wird ein Bruder seiner Feinde und läßt sich von diesen seinen Feinden für diese seine Feinde totschlagen, um eben so ihre Schuld auf sich selbst zu nehmen und wegzutragen und sie zu seinen Freunden zu machen. Das ist Erbarmen, wie es am Kreuz Jesu sichtbar wird, das beschreibt Paulus als erbarmende Liebe: »Die Liebe sucht nicht das Ihre, sie läßt sich nicht erbittern, sie rechnet das Böse nicht zu« (1. Kor. 13,5), und das ist es, was jetzt nicht nur drinnen, sondern auch draußen, nicht nur von Gott her, sondern auch von Mensch zu Mensch geschehen sollte – und könnte.

Ja, auch könnte! Das ist doch jetzt nicht mehr zu schwer! Dazu muß einer doch nur nicht vergessen haben, wie die Dinge stehen, was ihm selbst geschehen ist. Jesus sagt: Wieviel ein anderer auch bei dir in der Kreide steht, ja, wie schwer ein anderer auch an dir schuldig geworden sein mag – das ist doch alles eine Winzigkeit gegenüber dem, was Gott dir zu vergeben hat. Das erkenne – und sofort schrumpft die Schuld des anderen, die dich wie eine hohe Mauer von ihm trennte, zu einem Kreidestrich auf dem Pflaster zusammen, den du ohne Mühe überschreiten und auslöschen kannst. Wirklich jede Schuld, fragen wir? Auch die Schuld eines SS-Mannes gegenüber den Menschen, die er in die Gaskammer stieß? Ja, auch bei denen, sagt Jesus, bei allen – aber, so würde er fortfahren: »Betrachte jetzt nicht die Verhältnisse anderer, überlasse es Gott, wie es bei denen steht! Was ich sage, ist immer nur zu dir gesagt, und wenn du es auf dich selbst beziehst, dann wirst du nichts mehr dagegen sagen können, und dann wird es dir nicht mehr als zu schwer erscheinen, nein, dann wird die Erbarmung, die dir widerfahren ist, dich antreiben, die Schuld des anderen ebenso anzusehen, wie dein Herr deine Schuld angesehen hat: nicht mehr als Grund zur Anklage, zu unbarmherzigem Eintreiben, nicht mehr als Schuld, sondern als

Elend, das ihn zu Boden drückt und dich ruft, daß du ihm hilfst, ihm mit Liebe zum Leben hilfst.«

Das ist die große Erwartung, die von Gott, von den Engeln und von allen Menschen her die Christenheit umgibt, wenn sie am Sonntag aus der Kirche kommt und in die Woche hineingeht: Eine neue Wirklichkeit, das vergebende, tätige Erbarmen soll nun in die Welt eindringen. Diese Christenheit macht die Kriege der Welt nicht mehr mit, sie nimmt den Heiden ihr Heidentum, den Atheisten ihre Gottesleugnung, den Kommunisten ihren Atheismus nicht übel, man hört von ihr keine Anklage gegen ihre Verfolger, sie schwingt nicht das Zornesschwert Gottes über die böse Welt, sie verbündet sich nicht mit den einen gegen die anderen, nicht mit den Religiösen gegen die Nicht-Religiösen, nicht mit dem Westen gegen den Osten, nicht mit Tschombe gegen die Kongo-Rebellen, sie sieht die Welt im Lichte des Erbarmens Gottes, das mit der Schuld der Welt längst schon fertig geworden ist, und sie will dieses Erbarmen nicht nur predigen als eine Lehre, die gegen die vielen anderen Lehren in der Welt steht, sondern sie will dieses Erbarmen zugleich verkündigen und tun – und damit allen Menschen heraushelfen aus Feindschaft und Schuld zu neuem Miteinanderleben.

Das ist die wirkliche Kirche Jesu Christi. Aber, o Schrekken, wieviel häufiger ist es in der Kirchengeschichte gegangen wie hier in diesem Drama: Christen, die das Erbarmen Gottes zu einer Lehre gemacht haben, die die Feindschaften unter den Menschen und den menschlichen Lehren nur noch vermehrt hat, die Anklage gegen Anklage gesetzt, die die Kriege der Welt mitgemacht und noch glorifiziert haben. Im Großen wie im Kleinen, wahrscheinlich auch in unserem eigenen Verhalten, ist dieser 2. Akt Wirklichkeit geworden.

Wenn dann Verfolgung der Kirche einsetzt wie in der bolschewistischen Revolution und Bedrückung der Kirche in manchen Ländern, im Osten, aber auch anderwärts, dann haben wir uns zu fragen, ob das nicht der 3. Akt ist, ob das nicht das Gefängnis und die Peiniger sind, denen der Herr selbst seine untreue Kirche überantwortet hat. Anklage gegen diese Peiniger wäre nur Fortsetzung der alten Untreue, nur Auflehnung und Unbußfertigkeit. Dieser 3. Akt sagt nicht, daß der Herr seine Vergebung im 1. Akt nur bedingungsweise gegeben hat; er sagt auch nicht, daß es jetzt für den Knecht keinen Ausweg mehr gibt. Es gibt noch einen Ausweg für diesen Knecht, für die Kirche und für uns alle, soweit wir uns für Christen halten und ausgeben, und eben auf diesen Ausweg will Jesus uns mit diesem Gleichnis drängen: unser unchristliches Verhalten der Millionenschuld zuzählen, um die es geht, noch einmal das grundlose Erbarmen des Königs anflehen, und dann, wenn wir's erleben, daß wir uns aus Vergebung und allein aus Vergebung weiter Kirche und Christen nennen dürfen, den 2. Akt noch einmal neu anfangen, nun aber ganz anders, nun ernstlich in Parallele zum 1. Akt.

III

Ein Jubilate-Text scheint das nicht zu sein und für den Monat Mai und für den Anfang eines Sommersemesters scheint er auch nicht gut zu passen, eher freilich schon für das Zurückdenken an den Mai 1945, das uns alle in diesen Tagen beschäftigt. Aber der Grund, weshalb ich diesen Teil von Jesu Gleichnis vom sogenannten Schalksknecht vorlese und mit euch darüber nachdenken möchte, und weshalb ich diejenigen, die schon im Februar zwei Predigten über dieses Gleichnis gehört haben, bitte, es noch einmal mit uns zu hören, ist einfach der, daß in jenen Predigten vom 1. und 2. Akt dieses Gleichnisses ausführlich die Rede gewesen ist, kaum aber von seinem 3. Akt, und es ist mir schwer möglich, mich von diesem Gleichnis anderen Abschnitten der Heiligen Schrift zuzuwenden, ohne gerade diesen 3. Akt, von dem wir seines bittern Inhalts wegen gern den Blick abwenden möchten, uns vor Augen zu stellen. Freilich läßt sich kein Vers der Heiligen Schrift und erst recht kein Gleichnis Jesu je ganz ausschöpfen; aber wenn wir uns mit einem der Gleichnisse beschäftigen, dann sollen wir gerade diejenigen Stellen, die uns am schwersten zu hören sind, am wenigsten auf der Seite lassen. Darum also möchte ich erst dann wieder über einen anderen biblischen Text predigen, wenn wir auch diesen 3. Akt des Schalksknechtgleichnisses vernommen, ertragen, zu spüren bekommen haben.

Der Mann, dessen Geschichte sich hier vor uns abspielt, ist nun genau an dem Orte gelandet, vor dem er so gezittert hat, als ob nichts dazwischen geschehen wäre. Nichts ist es mit dem 1. Akt, dem Wunder des großen Erbarmens, nichts ist es mit dem Jubel beim Heraustreten aus dem Palast, verstummt ist das »Mir ist Erbarmung widerfahren«, aus ist es mit diesem Manne, so aus, wie es schon am Anfang des Dramas mit ihm gewesen war, als der Herr ihn schon zum ersten Male vor sich forderte zur Rechenschaft, und er zitternd zum Palast ging und sich ihm zu Füßen warf mit dem verzweifelten Versprechen, er wolle alles bezahlen, was er doch niemals bezahlen konnte.

Das ist die schreckliche Ironie dieser Geschichte: Am Ende sind wir so weit, wie wir schon am Anfang waren; am Ende ist es genau dahin gekommen, wovor man am Anfang gezittert hat und was man am Anfang noch mit allen Kräften hat verhindern wollen; alles, was dazwischen liegt, war umsonst. So wie wir Deutsche 1945 genau in das Verderben geraten waren, gegen das wir uns seit 1914 mit allen Kräften gewehrt haben. Damals waren die Deutschen, entflammt von Begeisterung, in den Krieg gezogen in der Überzeugung, daß die anderen

Völker sie berauben, versklaven, zunichte machen wollten (ob dies nun zutraf oder nicht), und nach der ersten Niederlage haben sie im Zweiten Weltkrieg noch einmal mit Strömen von eigenem und fremdem Blut, mit äußerster Härte gegen die anderen und gegen sich selbst, zuerst sich den Platz an der Sonne erkämpfen – und in der zweiten Hälfte des Krieges genau das verhindern wollen, worin sie sich nun, 1945, befanden: ein bis in den Grund zerstörtes und zerstückeltes Vaterland inmitten eines verwüsteten Europas, Millionen bei uns und in aller Welt getötet, verhungert, erfroren, Millionen ohne Heimat; Verbrechen, wie sie die Weltgeschichte noch kaum gesehen hat, waren in deutschem Namen und von Deutschen begangen worden, und dieses einst so stolze Volk mit so großer ruhmreicher Tradition war nun ein Gegenstand des Hasses und der Verachtung für die anderen Völker, von feindlichen Armeen besetzt und unter die Sieger aufgeteilt. Umsonst der Kampf und das Blut, umsonst aber auch die Zwischenzeit zwischen den Kriegen mit der versäumten Möglichkeit, einen anderen Weg einzuschlagen! Wie oft ist das im Leben der Völker wie der Einzelnen zu beobachten: Eben das, wogegen man sich gewehrt hat, tritt ein, ja, das Sich-Wehren selbst trägt oft dazu bei, daß das Gefürchtete um so sicherer kommt.

Ist das die Ironie des Schicksals? Hat diesen Mann sein Schicksal, dem er zu entfliehen suchte, schließlich doch noch ereilt? Kann er, wenn er jetzt ohne alle Hoffnung im Schuldgefängnis liegt und von den Wärtern, den »Peinigern« mißhandelt wird (wie es damals in den heidnischen Staaten üblich war, um durch die Leiden des Schuldgefangenen die Angehörigen willig zu machen, die Schuld abzutragen) – kann dieser Mann das Schicksal, die Übermacht der Feinde, die Ungunst der Umstände, die Hartherzigkeit seines Herrn anklagen, kann er die Schuld auf andere schieben, wie man es im Unglück doch oft mit großem Eifer tut? Vielleicht tut er's voll verzweifelter Wut, vielleicht meint er nur Pech gehabt zu haben. Soweit er das aber meint, täuscht er sich und ist ein Tor, und wir heute hören das Gleichnis, um nicht töricht zu sein, um klug zu werden, als Einzelne fürs Privatleben wie als Deutsche, die es nötig haben, nach fünfzig und nach zwanzig Jahren endlich klug zu werden.

Klug werden im Sinne der Bibel heißt: erkennen, daß unser Tun Folgen hat und daß, wer bestimmte Folgen nicht will, auch ein bestimmtes Tun nicht wollen darf. Klug werden heißt: unser Unglück und unser Tun im Zusammenhang zu sehen, nicht getrennt voneinander, wie es unserer Einbildung behagt; klug werden heißt also: die Schuld bei sich selber suchen – also bei allem Bösen, das uns trifft, vor allem daran interessiert sein und danach fragen, inwiefern ich es selbst verschuldet, wieweit ich selbst an ihm mitgewirkt habe, ob es also nicht sein könnte, daß mir in diesem Mißlingen meiner Pläne, in diesem Scheitern meiner Bemühungen, in diesem Eintreten des Gefürchteten der richtende Gott selbst entgegentritt mit seinem Nein zu meinem Wollen und seinem Nein zu meiner Haltung, zu meiner Einstellung oder auch zu meiner Methode. Zu dieser Klugheit uns zu verhelfen, also vor dem Abschieben der Schuld auf die anderen und zu dem Interesse an unserer eigenen Schuld uns anzutreiben – das ist der Sinn dieser Stelle und anderer Stellen der Heiligen Schrift, an denen von Gottes Zorn, Gottes Gericht und Gottes Strafen die Rede ist. Es handelt also töricht, wer diese Ausdrücke als mythologisch belächelt, als antiquiert verachtet, als Zeichen einer finsteren Gottesauffassung verwirft und meint, sie gehörten allenfalls ins Alte, nicht aber ins Neue Testament. Gerade im Neuen Testament und in Jesu Verkündigung haben sie einen wichtigen Platz; nichts ist im Neuen Testament zu verstehen ohne diese Erkenntnis: Wir sind nicht Spielball eines willkürlichen und gegen uns gleichgültigen Schicksals, das uns Glück und Pech zuteilt, sondern wir führen unser Leben unter der Regierung des lebendigen Gottes, dem unser Handeln nicht gleichgültig ist, der mit seinem Ja und Nein, seinem Segen und Zorn darauf antwortet. Darum sollen wir sein Gericht fürchten, wie es schon hier in unserm Leben geschieht, und die letzte Rechenschaft vor ihm, der wir alle entgegengehen. »Die Furcht des Herrn ist der Weisheit Anfang. Das ist eine feine Klugheit; wer darnach tut, des Lob bleibt ewiglich« (Ps. 111,10).

Man kann diese Worte freilich auch mißbrauchen und sie in den Anschein von Torheit und Falschheit bringen – dann nämlich, wenn man, wie einige Pharisäer zur Zeit Jesu und manche anderen Leute seither meinten, wir hätten damit einen Schlüssel, mit dem wir alles Geschehen nach Lohn und Strafe erklären, und einen Maßstab, mit dem wir Gottes Regierung nachrechnen könnten, ob sie gerecht oder ungerecht sei. Von Gottes Zorn und Strafe spricht die Bibel aber nicht, um ein theoretisches Bedürfnis bei uns zu befriedigen, sondern um uns praktisch weiterzubringen, nicht um unsere Neugier nach Erklärung der Zusammenhänge zufriedenzustellen, sondern damit wir zu unserer praktischen Besserung, zu unserm wirklichen Heil nach dem Zusammenhang unseres Tuns mit seinen Folgen fragen, nicht um ein Unglück zu erklären, sondern um aus ihm zu lernen. Wir sitzen nicht in des Herrgotts Kanzlei, wir haben keinen Überblick, weder über den Zusammenhang noch über den Hintergrund aller Geschehnisse; nur ein winziger Teil davon ist uns im besten Fall erkennbar und das meiste bleibt Geheimnis. Es gibt unzähliges Unglück, das uns ein unauflösbares Rätsel ist und als eine sinnlose Schrecklichkeit erscheint. Auch die Frommen müssen die Frage nach dem Sinn vieler schrecklicher Geschehnisse in Gottes Hand legen und dürfen nicht mit dem Schema von Strafe und Gericht alles erklären wollen. Es geschieht aber auch genug im Leben der Einzelnen und der Völker, wo Gottes Wort uns anhält, diesen Begriffen, »Strafe«, »Zorn Gottes«, »Gericht« gerade nicht feige auszuweichen, sondern sich von ihnen in die ernste, schonungslose Frage nach der eigenen Schuld hineintreiben zu lassen.

»Ich, ich selbst bin es, der mich hierher gebracht hat« – so muß sich dieser Mann nun sagen, der am Ende des Dramas, das Jesus erzählt, sich in dem Verderben befindet, vor dem er am Anfang gezittert hat und vor dem er im 1. Akt durch das Erbarmen seines Herrn so wunderbar bewahrt worden war. »Wir, wir selbst sind es, die uns in solches Elend gebracht haben« – so mußten wir doch 1945 gestehen, wenn wir die Sache ohne feige Furcht vor Selbsterkenntnis prüften. Es geht jetzt nicht darum, die These von der »Kollektivschuld« zu bestätigen, die wir selbst gegen die Polen und die Juden proklamiert hatten und die nun gegen uns sich richtete. Im Gegenteil: Gerade Begriff und Sache der »Kollektivschuld« sind Ausdruck der Lebensweise, gegen die das Evangelium sich wendet, der es eine ganz andere, neue Lebensweise entgegenstellt. Die alte, böse Lebensweise, die uns ins Verderben bringt, steht in unserm Gleichnis unter der Überschrift: *Bezahlen.* Siebenmal kommt es in unserer Geschichte vor und steht hier im Kampfe mit dem anderen, dem Gegenwort: *Erbarmen.* Ständig treibt der Mensch vom Menschen Schulden ein: Ich habe etwas für dich getan: bezahle! Du hast mich beleidigt und geärgert: bezahle! Du bist schwächer als ich: bezahle! Du gehörst zu einem anderen Kollektiv: bezahle! Du bist anders als ich: bezahle! Das Evangelium stellt dem einen anderen Imperativ entgegen, durch den das Bezahlen in dieser Welt zwar nicht ganz durchgestrichen, aber auf einen beschränkteren Bereich, in dem es allein legitim ist, reduziert wird, und dieser Imperativ heißt: Dir ist statt Bezahlen Erbarmung widerfahren, darum vergib! Vergib dem anderen neben dir, daß er anders und schwächer ist als du, daß er ärgerlich und lästig ist für dich, daß er schuldig geworden ist gegen dich! Laß ihn leben und hilf ihm zum Leben! Bring in die Todeswelt des Bezahlens, in der einer dem anderen an die Gurgel fährt, eine neue Lebensweise, die dir Gott selbst in Jesus Christus vorgemacht hat, von der du selbst lebst und zu der er dich stark und reich macht! Das ist's, wozu Jesus seine Jünger berufen hat und wozu es Christen in der Welt gibt.

Das ist der neue Maßstab, an dem die Menschen von Gott gemessen werden: ob sie diese neue Lebensweise leben und um sich verbreiten in den Völkern, in denen sie Einfluß bekommen. Dieser Maßstab, Gottes Erbarmen selbst, wird uns zur Anklage. Nach diesem Maßstab werden wir von unserm Herrn gerichtet werden. Deshalb ist das, was 1914–18 und 1933–45 in unserm Lande geschehen ist, ein Gericht gerade auch über uns Christen wegen des Mitmachens mit der alten Lebensweise statt des Eintretens für die neue Lebensweise. Neu anfangen dürfen nach 1945 mußte nun heißen: das Gericht und die eigene Schuld erkennen, für die Erbarmung danken, die den Neuanfang uns schenkte, nicht mehr mitmachen bei der Forderung des Bezahlens gegen die anderen, brechen mit dem bösen Kollektiv-Verurteilen und mit dem Aburteilen über die anderen, Vergebung und Versöhnung leben und den christlichen Namen nicht mehr mißbrauchen lassen zur Verkleidung der alten Lebensweise, wie es jahrhundertelang geschehen ist, sondern ihn heilig halten und neu zu Ehren bringen durch die neue Lebensweise der Vergebung und Versöhnung. Die ganze christliche Gemeinde bei uns und in den anderen Völkern nach diesem entsetzlichen Morden, nach diesem schrecklichen Gottesgericht *eine* »Aktion Sühnezeichen« – so mußte es nun kommen. Wir sind dankbar, daß einiges in dieser Richtung geschehen ist. Aber wir wissen auch und erkennen vielleicht noch nicht scharf genug, wieviel auch in der Gegenrichtung geschehen ist, in der Wiederholung der alten Schuld und im Mißbrauch des christlichen

Namens zur Verkleidung der alten, bösen Lebensweise. Darum hängt das göttliche Zorneswort dieses 3. Aktes wie eine drohende Wolke über uns, über der Kirche und dem Volke. Nachdem uns Erbarmung widerfahren war, sind wir im Einzelleben wie im Leben der Kirche und des Volkes den Mitmenschen viel von dieser neuen Lebensweise schuldig geblieben – und wehe uns, wenn er, wie es seine Macht und sein Recht ist, die Parole des Bezahlens sich zu eigen macht, wenn dieses »Bezahle!« nun auch vom Himmel herunter klingt und uns ins Gefängnis des göttlichen Gerichtes wirft! Gar nicht ernst genug können wir inmitten des Frühlings und des Wohlstandes und des gegenwärtigen äußeren Friedens unsere Lage und unsere Versäumnisse sehen. Dann wird uns das Herz zittern, dann werden wir froh sein, daß Jesus es ist, der uns dieses Drama zur Mahnung und Warnung erzählt – Jesus, der selbst ins Schuldgefängnis gekommen und sich den Peinigern ausgeliefert hat als der Unschuldige. Da hat er den ganzen Zorn Gottes über dem bösen, lieblosen Bezahlungswesen der Menschen selbst getragen, da hat er für uns alle durch seine Liebe und sein Opfer bezahlt. Durch ihn ist alles andere Gericht Gottes nicht mehr letztes Gericht, nicht mehr unendliches Verwerfen, sondern ein Richten, das uns helfen soll weg vom alten Weg auf den neuen Weg, ein Gericht der Gnade, ein Richten unserer Füße auf den Weg des Friedens und der Vergebung. Dazu soll uns die Erinnerung an Gottes Gerichte in diesem Jahrhundert und die Erleuchtung durch diese Worte Jesu dienen.

Wir danken dir, unser Herr Jesus Christus, du auferstandener Sieger über Tod und Schuld, daß du uns mit solchem Ernst und solcher Güte den Willen deines himmlischen Vaters offenbarst. Wir danken dir, daß du Gottes strenges Gericht für uns alle getragen hast und daß in dir Gottes Erbarmen zu uns gekommen ist.

Wir bitten dich: Mach uns durch deinen Geist zu Menschen des Erbarmens, der Vergebung, der Liebe! Laß uns brüderlich denken und handeln im Umgang mit allen Menschen! Befreie uns von den bösen Geistern der Rachsucht, der Gewinnsucht, des Eigennutzes! Laß uns deinen Willen erkennen in der Wirtschaft und in der Politik und mache uns willig und mutig, für Versöhnung, Frieden und Recht im öffentlichen Leben und im Leben der Völker einzutreten! Laß uns die rechten Lehren aus dem schrecklichen Gericht des letzten Kriegs ziehen! Hilf den verstümmelten und kranken Opfern der Grausamkeit jener Jahre, die noch unter uns leben, und hilf denen, die aus der Trauer nicht heraus kommen! Vergib die schreckliche Schuld, die Menschen in jenen Jahren auf sich geladen haben, und leite die, die deswegen vor menschliches Gericht gestellt werden, zum Eingeständnis und zur Bitte um Vergebung bei dir und den Menschen! Sei auch bei den drei Männern im Spandauer Gefängnis, die für ihre und ihres Volkes Schuld dort in Haft sind, und mache die Regierungen willig, sie frei zu lassen! – Wir danken dir, daß du uns voll Erbarmen aus Hunger und Elend herausgeführt und uns den Frieden so lange erhalten hast. Du siehst, wie die Menschen weiterhin grausam Krieg führen und sich mit entsetzlicher Vernichtung bedrohen. Schau den Jammer der Menschen in Vietnam an und gebiete dem Morden ein Ende! Nimm uns die Greuel der Vernichtungswaffen aus der Hand, hindere alle Kriegsgedanken und fördere alle Pläne des Friedens! Erinnere alle, die Macht über andere Menschen haben, an die Rechenschaft, die du von ihnen fordern willst! Hilf den Entrechteten zum Recht, den Unterdrückten zur Freiheit! Laß die Menschen unseres zerspaltenen Volkes wieder zueinander kommen! Gib uns Frieden mit unseren Nachbarn und gib deinem Volke Israel Frieden mit seinen arabischen Nachbarn! Uns alle mit unseren Aufgaben, Verantwortungen, Sorgen und Nöten, unsere Studenten in ihrem neuen Semester, unsere Kranken, Alten und Sterbenden befehlen wir deiner gnädigen Hand und bitten dich um ein seliges Ende und ein ewiges Erwachen in deinem Reiche!

WIDER DIE LEISTUNGSGESELLSCHAFT

Die Herrschaft der Himmel: es geht bei ihr zu wie bei einem menschlichen Chef, der gleich am Morgen losging, um Arbeiter für seinen Weinberg anzuheuern. Nachdem er mit den Arbeitern einen Denar (knapp eine Mark, aber nach damaliger Kaufkraft) pro Tag vereinbart hatte, schickte er sie auf seinen Weinberg. Und er ging wieder los gegen neun Uhr, sah andere auf dem Markt arbeitslos herumstehen und sagte zu ihnen: »Geht auch ihr in den Weinberg, und was etwa recht ist, werde ich euch geben.« Wieder ging er los um zwölf Uhr und um fünfzehn Uhr und machte es ebenso. Wie er aber gegen siebzehn Uhr noch einmal losging, fand er andere herumstehen und sagte zu ihnen: »Was steht ihr hier den ganzen Tag faul herum?« Sie antworteten ihm: »Weil uns niemand eingestellt hat.« Er sagt zu ihnen: »Geht auch ihr in den Weinberg.« Wie es Abend geworden war, sagte der Weinbergbesitzer zu seinem Inspektor: »Ruf die Arbeiter und entlohne sie, und zwar so, daß du bei den Letzten anfängst bis zu den Ersten.« Es kamen diejenigen, die um siebzehn Uhr angeheuert waren, und bekamen je einen Denar, und als die Ersten daran kamen, meinten sie, sie würden mehr erhalten, und auch sie empfingen einen Denar. Sie nahmen und murrten gegen den Chef und sagten: »Diese Letzten da haben eine Stunde gearbeitet und du hast sie uns gleichgestellt, die wir des Tages Last und Hitze getragen haben.« Er aber antwortete einem von ihnen: »Freund, ich tue dir kein Unrecht, habe ich nicht mit dir einen Denar abgemacht? Nimm das deine und geh! Ich will aber diesen Letzten geben gleich wie dir. Steht es mir nicht frei, mit dem Meinigen zu machen, was ich will, oder schaut dein Auge boshaft, weil ich so gütig bin?«

Matth. 20,1–15

Gütig! Ein gütiger Gott! Nichts ist selbstverständlich im Evangelium, erst recht nicht das Zentrum des Evangeliums, die Rede von der Liebe Gottes. Wer vom »lieben Gott« so spricht, als sei das etwas ganz Klares und Altbekanntes und so selbstverständlich, wie daß $2 \times 2 = 4$ ist, dem wird das zusammenbrechen spätestens dann, wenn wir wieder einmal vor einer Reihe von grausam verstümmelten Kinderkörpern stehen in Vietnam, in Ost-Bengalen, auf der Autostraße (da unter den 196 Verkehrstoten an Pfingsten ja wohl auch einige Kinder gewesen sind) oder jetzt in Radevormwald. Das Wort von der Liebe Gottes ist nicht eine naive Illusion, in sonnigen Ferientagen ausgedacht. Soweit es das ist, wird es zermalmt von der Wucht der Wirklichkeit. In Golgatha-Qualen, in Gefängniszellen, in Hunger und Angst, an Gräbern und vor Ruinen, da ist diese Zusage gehört: »Ihr seid nicht allein, ihr Menschen, ewige Liebe hat sich aufgemacht, euch aufzusuchen in allen Nächten und Finsternissen der Wirklichkeit, hineinzudringen in jede Verlorenheit und Trauer und Verzweiflung.« Wer ein Bote, ein Jünger Jesu ist, der ist ein Partisan und ein Spähtruppgenosse dieser vordringenden Liebe auf ihrem Weg in die Nächte und in die Rätsel unseres Daseins.

Gar nicht selbstverständlich ist auch das, was dieses Gleichnis Jesu von der Liebe Gottes sagt. Wohin richtet sich in diesem Gleichnis die Güte des Herrn, wem gilt sie? Wenn ich das Gleichnis so, wie man es tun soll, von Jesus mir gesagt höre, dann ist gleich klar: Diese Liebe Gottes gilt nicht mir. Sie richtet sich auf den Menschen neben mir, und zwar gerade auf solche, bei denen ich gemeint habe, sie kämen für die Liebe Gottes entweder gar nicht in Frage, oder sie kämen erst unter »ferner liefen«, ganz in letzter Linie in Betracht. Genau auf diese Menschen richtet sie sich, an mir geht sie vorbei – nicht so, daß ich ausgeschlossen wäre, aber diejenigen, die ich ausgeschlossen habe oder mindestens zurückge-

stellt, die werden von dieser Liebe eingeschlossen, sie werden mit mir gleichgestellt und ich mit ihnen.
Das ist nichts Einfaches! Da hat einer sein ganzes Leben im Dienst des göttlichen Weinbergs zugebracht, da hat einer nur seine Pflicht getan und sich nichts Gutes gegönnt, da hat einer Verfolgung und KZ ertragen um des Bekenntnisses zu Jesu willen, da stand einer in der vordersten Front gegen Unrecht, Ausbeutung und Lüge, da hat einer vielen Menschen Gutes getan und sein Leben geopfert. Und dann kommt da so einer daher, der hat sein Leben verjuxt und genossen, bei dem wird es mit dem Hören auf Gottes Wort erst ernst, wie es dann schließlich mit Altern und Sterben ernst wird, von dessen Leben haben Gott und die Menschen wenig Gewinn gehabt, und der soll jetzt den gleichen Lohn kriegen; diesen verlorenen, verwahrlosten Sohn umarmt der Vater genau so herzlich wie den anderen Sohn, der sein Leben lang treu im Dienst gestanden hat. Wo bleibt da die Gerechtigkeit, wofür hat man sich angestrengt, verzichtet, geopfert, wenn das am Schluß alles keine Rolle spielt? Was ist das für eine unmoralische, allzu demokratische Gnaden-Gleichmacherei? Wie wird da jeder Antrieb zu Pflicht und Leistung abgetötet?
Mit diesem unseren Protest ist es heraus, was wir unter Gerechtigkeit verstehen, und an welchen Antrieb zum Leisten wir appelieren. Gerechtigkeit heißt da: Vorzüge werden mit Vorteilen belohnt. Vorzüge und Leistungen geben Anspruch auf Vorteile, und das Motiv zum Leisten, an das appelliert wird, ist der tief in uns sitzende, unheimliche und in seiner Konsequenz menschenmörderische Drang nach oben: oben zu stehen und verächtlich nach unten schauen zu können. Darauf beruht unsere ganze Gesellschaftsordnung, dadurch werden Leistungen hervorgerufen. Nun prüfe einmal jeder sich selbst, und in seinem Fall, wer oben steht, was für Leute es sind, die unten sind, denen er überlegen ist, auf die er herunter-

spucken kann. Nur als Anhaltspunkte etwa: Da ist der deutsche Arbeiter, und da ist der Gastarbeiter, nicht so sauber, nicht so geschickt und gerade gut genug für die Drecksarbeit. Da sind die Weißen, und da sind die Farbigen. Da ist die Berliner Zimmerwirtin, und da ist der farbige Ausländer, der ein Zimmer braucht. Da bin ich Vorgesetzter, und da sind meine Untergebenen. Da bin ich gescheiter als die Dummen dort, ich, der Tüchtige im Beruf, dort die Versager, ich der Gesunde, dem unwillkürlich beim Anblick von körperlich und geistig Behinderten ein Überlegenheitsgefühl kommt, als sei es sein Verdienst, daß er so dran ist. Da sind wir Christen, da sind wir mit der richtigen Theologie und dem richtigen Glauben, und da sind die Heiden und die Atheisten. Da bin ich Vertreter einer guten Idee und dort die Anhänger einer schlechten Idee, ich der Fortschrittliche, dort die Reaktionäre, ich der Sozialist, dort die Konservativen: Überall ist unsere Überlegenheit unsere Gelegenheit, herabzuspucken und herabzutreten.

Auch Gott wird dafür eingespannt. Das ist die ganze Geschichte der Menschheit, dieser Klassenkampf der Privilegierten gegen die Unterprivilegierten. Gott muß dann ein Gott der Privilegierten sein, der uns hilft, diesen Abstand hochzuhalten, ein Gott der Rechtgläubigen gegen die Ungläubigen, der Garant der besser Weggekommenen gegen die schlechter Weggekommenen. So hat z. B. die Verachtung der weißen Christen gegen die Ungläubigen im Laufe der Jahrhunderte Hunderttausenden von Juden, Indianern, Negern das Leben gekostet. Aber: Gott macht das nicht mit, der lebendige Gott – so sagt Jesus – steht gegen dieses Pseudo-Christentum. Eure Vorzüge, weil als Mittel zu Vorteilen benützt, diese eure Art von Gerechtigkeit, macht euch böse: *»Warum sieht dein Auge so böse, wenn ich gütig bin?«* Gottes Güte geht an den Privilegierten vorbei zu den Unterprivilegierten. Wer an ihr teilhaben will, der darf sie nicht einsacken für sich wie ein Kapital, das er dann mehr hat als die anderen, sondern der muß ihrer Bewegung folgen, der Bewegung dorthin, zu denen, denen Gottes Liebe gilt. Nur so ist der Jünger Jesu Bote und Mitarbeiter von Gottes Liebe. Gottes Liebe zu mir ist ständig eine Einladung, teilzunehmen an dieser Bewegung der Liebe Gottes zu dem anderen neben und unter mir.

Wenn wir das verstanden haben, dann werden wir wegkommen davon, daß wir froh sind über die Ungleichheiten, von denen wir profitieren. Stattdessen werden wir froh werden über diese gleichmachende Liebe Gottes. Wir kommen aus dem Anspruch weg ins *Gönnen.* Wir werden fähig, anderen Menschen, die gescheiter und glücklicher als wir sind, zu gönnen ihre Vorzüge, und wir werden vor allem fähig, den Benachteiligten zu gönnen, daß sie in die Höhe kommen, auf die Füße. Wir treten aus aus dem Klassenkampf der Besitzenden gegen die Habenichtse und werden mit unseren Vorzügen und Privilegien helfende Bundesgenossen der Zukurzgekommenen.

Noch etwas Zweites finde ich in diesem Gleichnis, das Jesus uns sagen will. Es läßt sich kurz zusammenfassen in die Formel: Arbeit ist Gnade, *Leistung ist Gnade.* Daß Arbeitslosigkeit ein großes Unglück ist, daran erinnern sich die Älteren unter uns noch, wenn sie in ihrem Gedächtnis die Schlange der Arbeitslosen vor den Arbeitsämtern in der großen Wirtschaftskrise um 1931 vor sich sehen. Arbeitslosigkeit verurteilt nicht nur zum Hungern, sondern zerstört innerlich, macht einen Menschen zum Müll in der Gesellschaft. Etwas leisten können, was sich sehen lassen kann, im Dienst einer guten und großen Sache »Last und Hitze des Tages« zu tragen, an einer sinnvollen Arbeit zu stehen, die einen ganz ausfüllt, was für ein Glück ist das, eines der größten Geschenke im Leben! Das ermessen diejenigen am meisten, die es nicht haben, denen ihr Leben zerbröselt in lauter Nichtigkeiten, die in einer unbefriedigenden Arbeit ihr Brot erwerben müssen oder überhaupt zur Untätigkeit verurteilt sind. Was das für eine Gnade ist, das haben wir doch vergessen, als wir, stolz auf unsere Tüchtigkeit, stolz auf unsere Leistungen, stolz auf unseren richtigen Glauben heruntersahen auf diejenigen, die nichts oder nicht so viel aufzuweisen haben an Tüchtigkeit und Leistungen und Gotteserkenntnis. Es ist doch nicht wahr, daß wir es uns selbst zu verdanken haben, unserer eigenen Güte; es ist Glück, es ist Gnade, wenn wir es haben dürfen. Unsere besonderen Leistungen sind nicht Anlaß zu besonderem Anspruch auf Vorteile, sondern Anlaß zu besonderem Dank. Das ist es, was Jesus sagen will.

Nun das Dritte: Wenn er uns hilft mit einer solchen Erzählung und mit seinem Geist, daß diese Erzählung uns ins Herz trifft, dann wird doch sehr viel anders, zunächst einmal in unserer Beziehung zu Gott. Da ist nicht mehr Gott derjenige, der Leistungen belohnt und Versagen bestraft; da ist er die den Versagenden suchende Liebe, zugewandt dem Verlorenen, der nichts aufzuweisen hat. Wir entdecken uns immer wieder als dazugehörig und neben uns all die Verachteten; die sinds, die Gottes Liebe sucht. Dies bedeutet aber doch nicht nur eine Änderung in uns, so daß wir nun erleichterte, schöne Gefühle haben. Wo das Innere sich ändert, muß sich auch das Äußere ändern. Man kann nicht zu Gott anders stehen und zu den Mitmenschen in alter Weise, und wir können uns auch nicht nur anders zu einzelnen Menschen neben uns verhalten, bekehrt zu neuem Verhalten durch ein solches Gleichnis und seinen Geist, sondern dann können wir auch nicht mehr diese ganze Gesellschaftsverfassung ignorieren, in der wir leben. Sie preßt die Menschen um uns und uns selbstständig in ein solches Verdienstdenken hinein, in solch ein Bestreben, Vorsprünge auszunützen auf Kosten der anderen. Falsches Denken erzeugt falsche Zustände, und falsche

Zustände befestigen in falschem Denken. So hat dieses Gleichnis sehr weitgehende gesellschaftliche und politische Konsequenzen.
Die sind allerdings zunächst gar nicht klar; denn dem oberflächlichen Blick schildert Jesus hier in abstoßender Form eine Klassengesellschaft, wie wir sie heute auch noch haben: Ein Gutsbesitzer und die Masse der Besitzlosen, Kauf der Ware Arbeitskraft auf offenem Markt, Privatbesitz an Produktionsmitteln, Entziehung des Mehrwerts, Kampf der Massen ums Existenzminimum, Zerspaltung des Proletariats durch die Vorsprünge, die man einzelnen Proletariern gibt, willkürliche Lohnfestsetzung ohne Gewerkschaft und Tarifvereinbarung, all dies steht in diesem Gleichnis. Und Jesus – das erschreckt uns am stärksten – erzählt das völlig ohne Kritik an solchen Zuständen. Fragen wir aber, worauf das Gleichnis hinführt, dann ist die Kritik auf einmal offenbar. Was wäre in dieser Szene geschehen ohne die gleichmachende Güte Gottes? Die Ganztagsarbeiter wären mit ihrem Lohn nach Hause gegangen und hätten ihre Familien ernähren können, und die Kurzarbeiter mit ihrer Drittel- oder Viertelmark hätten mit Weib und Kind gehungert, und diejenigen, die keine Arbeit bekommen haben, erst recht. Das heißt übertragen: Unser Kleben an Privilegien, das Ausnützen der Vorzüge zu Vorteilen, das rücksichtslose Profitieren von unseren Vorsprüngen zerbricht und hindert jede Solidarität. Eine der entscheidenden Fragen des Evangeliums aber ist: Wie kann es angesichts der Ungleichheit unter den Menschen, der Unterschiede von Begabten und Unbegabten, von Gerechten und Sündern, von Guten und Schlechten, von Glaubenden und Ungläubigen, wie kann es angesichts dieser Unterschiede, die die Menschheit zerreißen und gegeneinander hetzen, zur Solidarität der Menschen kommen? Und die Antwort des Evangeliums ist: durch die Aufhebung des Verdienstdenkens, durch die Freude an der gleichmachenden Liebe

Gottes. Dann ist gleich die nächste Frage: Auf was für Zustände, auf was für ein Zusammenleben der Menschen, also auf was für eine Gesellschaft arbeiten wir hin, wenn bei uns selbst eine solche Wendung geschehen ist? Sicher auf eine Gesellschaft, in der die Leistungsstarken für die Leistungsschwachen da sind – in der jeder die Chance hat, zu leisten, so weit er nur kann –, und in der die Leistungen der Einzelnen nicht nur diesen Einzelnen zugute kommen, sondern allen. Das ist vielleicht eine Utopie, da in uns der Drang, Profit zu ziehen, höher zu stehen, nach unten zu treten, der Neid und Verachtungsdrang so tief sitzt. Darum wird dafür gesorgt sein, daß das immer nur unzulänglich verwirklicht wird. Jesu Gleichnis gibt uns eine Richtung sowohl für unser eigenes Denken wie für unser Verhalten zu den Menschen um uns her wie für die Änderung der Zustände. Wer im Dank lebt, kommt heraus aus dem Verdienststolz. Er verliert den Geschmack daran, oben stehen und verächtlich herunterschauen zu können. Er verliert den Geschmack an einer Gesellschaftsordnung, in der die Bevorzugten auch noch Vorteile einheimsen. Vorzüge und Leistungen erheben ihn nicht mehr über die anderen, trennen ihn nicht mehr von den anderen, sondern werden ihm zu Mitteln, für die anderen da zu sein, solidarisch mit den Benachteiligten zu leben und ihnen zu helfen. Wer im Dank lebt, dessen Auge wird nicht mehr böse, sondern erfreut, wenn er Gottes Güte auf den Menschen neben sich gerichtet sieht.

So bitten wir den Herrn, uns dazu zu befreien, und uns zu Boten seiner Güte zu den anderen neben und unter uns zu machen.

JA-SAGER UND NEIN-SAGER

Was meint ihr aber: Ein Mann hatte zwei Söhne. Er ging zu dem ersten und sprach: Mein Sohn, gehe hin und arbeite heute in meinem Weinberg! Der antwortete aber und sprach: Ich mag nicht. Danach reute es ihn und er ging hin. Und der Mann ging zu dem andern Sohn und sprach ebenso. Der antwortete aber und sagte: Herr, ja – und ging nicht hin. Welcher unter den Zweien hat des Vaters Willen getan? Sie sprachen zu ihm: Der Erste. Jesus sprach zu ihnen: Wahrlich ich sage euch, die Zöllner und Huren werden wohl eher ins Himmelreich kommen als ihr. Johannes kam zu euch und lehrte euch den Weg der Gerechtigkeit, und ihr glaubtet ihm nicht, aber die Zöllner und Huren glaubten ihm. Und ob ihr das wohl sahet, reute es euch dennoch nicht, daß ihr ihm danach wenigstens geglaubt hättet.

Matth. 21,28–32

Wir ducken uns, nicht wahr, wir ducken uns, wenn wir diese Gleichnisgeschichte hören. Es kann nicht anders sein, wir fühlen uns selbst gemeint, getroffen, entlarvt. Einer hat ein Versprechen gegeben und hat es nicht gehalten; einer hat Ja gesagt und hat nichts getan. Christliches Bekennen, christliche Gemeinde, diese Kirche hier, der hohe Turm der Jesus-Christus-Kirche, der alle Dahlemer Dächer überragt, das alles ist ein großes Versprechen an Gott und die Menschen. Dieses Versprechen wird eingeklagt. Jesus sagt: Ihr habt mir versprochen, meine Jünger zu sein, meine Mitarbeiter, meine Mithelfer, wenn ich als Heiler und als Helfer durch die Welt gehe; wie steht es damit, was hat das für Folgen? Das ist die Frage.

Nun, Gott sei Dank hat es Folgen gehabt, nicht folgenlos ist das schwache Evangelium geblieben, Menschen sind aufgerüttelt, verwandelt, gestärkt worden, Heiler und Helfer zu werden für andere Menschen an Leib und Seele. Damals die frühe Christenheit bildete mit unerhörtem Elan Inseln der Bruderschaft, die bis dahin in der brutalen Gesellschaft der antiken Welt ganz unbekannt waren. Und bis zu unserm Jahrhundert gibt es doch Gestalten der Liebe, Männer und Frauen, an denen die Verwandlungskraft des Evangeliums deutlich geworden ist. Die kritische Frage des Gleichnisses meint also nicht ein pauschales Verdammungsurteil über die Kirche, wie man das heute oft hört: Die Kirche hat versagt, die Kirche macht nur schöne Worte, die Kirche tut nichts usw. Aber allerdings entlarvt diese kritische Frage dieses Gleichnisses weite Strecken der Kirchengeschichte, viele Gottesdienste, ganze Stapel von theologischer und erbaulicher Literatur als folgenloses Gerede dieses einen Sohnes: »Ja, Herr«, sagte er und ging nicht hin.

Wer viele Synoden mitgemacht hat, der kennt gut folgenden Vorgang: Irgendein Notruf aus dem verwüsteten Weinberg Gottes, aus der Welt kommt uns zu Ohren und wird uns deutlich als ein Auftrag für die Kirche. Wir machen daraus einen Punkt der Tagesordnung der nächsten Synode. Die erste Reaktion ist: Wir müssen ein Wort sagen. Dann arbeiten Ausschüsse nächtelang eine Resolution aus. Sie wird, nachdem die verschiedenen Meinungen mit den verschiedenen dahinter stehenden Interessen auf einen mittleren Nenner gebracht sind, auch von der Synode verabschiedet, vielleicht dann auch noch von den Kanzeln verlesen. Wir gehen nach Hause, befriedigt, das Wort ist gut, und wir haben ein Wort gesagt. Wenn dann die Welt nicht danach handelt, dann ist sie selber schuld daran, und wir können nichts dafür; denn wir sind die Kirche des Wortes; unser Tun besteht darin, daß wir Worte sagen. Es ist kein Wunder, wenn in den letzten

Jahren gegen diese Theologie der Resolution eine Theologie der Revolution sich erhoben hat von stürmischen jungen Leuten, die mit den Worten der Kirche nicht mehr zufrieden sind, sondern die nach dem Tun der Kirche fragen. Darüber gibt es eine große Debatte in der Kirche, und weil wir von der Frage nach dem Tun bedrängt sind – wie sollte sie nicht jeden von uns immer wieder bedrängen? –, darum bauen wir eine Schutzmauer aus mächtigen Felsblöcken der großen Gnaden-Theologie des Apostels Paulus und des Reformators Martin Luther: Nicht Tun macht uns gerecht vor Gott, sondern Gnade; um Glauben gehts, nicht um Werke. Ihr, die ihr nach unserm Tun fragt, verführt uns zu der alten Werkerei und wollt aus der Kirche des Evangeliums eine Kirche der menschlichen Werke machen. Im Evangelium geht es aber nicht um unsere schwachen menschlichen Versprechen, im Evangelium geht es um das große Gottesversprechen in Jesus Christus, das starke und unumstößliche Versprechen Gottes. Und der hohe Turm der Jesus-Christus-Kirche weist die Menschen nicht auf unsere Werke und unsere schwachen menschlichen Versprechungen hin, sondern auf dieses große Gottes-Versprechen weist er hin. Das ist alles ganz wahr, A und O!

Tief mißlich aber, sobald es benützt wird zu unserer Selbstverteidigung. Man nennt das heute Ideologie. Von Ideologie sprechen wir dann, wenn große, oft sehr wahre Ideen in den Dienst ganz anderer, egoistischer, oft ganz entgegengesetzter Interessen gestellt werden. Das große Bekenntnis von der Rechtfertigung aus Gnaden ohne Werke ist in Ideologie verwandelt, wenn wir es benützen, um uns der kritischen Frage nach dem Tun zu entziehen. Denn diese Frage – das zeigt unser Gleichnis – stellen nicht nur ein paar respektlose, ungebärdige junge Leute, sondern durch deren Mund hindurch der Herr der Kirche selbst. »Was nennt ihr mich Herr und tut nicht, was ich euch sage?« Wenn wir ihn anrufen als den Herrn und also rühmen als den, von dem wir leben, bei dem wirkliches Leben zu holen ist, der mit seinem Leben für uns lebt und stirbt und darum allein das Recht hat, unser Leben zu regieren, wenn wir ihn so rühmen, dann wartet die ganze Welt samt sämtlichen Engeln gespannt darauf, was das für Folgen hat, das Hinausgehen in den Weinberg, in die Weltprobleme hinein oder das Sitzenbleiben zu Hause im kirchlichen Raum bei Gebet und Gottesdienst und Theologie und geistlichen Betrachtungen, die als Mittel unseres Lebens freilich unentbehrlich sind.

Verschanzen wir uns nun, wie es die Schriftgelehrten im Neuen Testament tun, hinter der Verlegenheitsfrage: »Was sollen wir denn tun?«, dann nimmt unser Herr uns in diesem Gleichnis und dreht unsere Köpfe samt den Köpfen der Hohenpriester und Ältesten und all der frommen führenden Kirchenleute im Tempel, mit denen er spricht, so, daß unser Blick zu Leuten hinfällt, von denen wir unsern Blick eher gern abwenden, nämlich zu denen, die nicht in den Tempel kommen, zu den Nein-Sagern draußen, von denen wir meinen, von denen könnten wir nichts lernen über den Willen Gottes. Wohl gemerkt: Jesus verklärt und verharmlost das Nein-Sagen nicht. Nein-Sagen zum Ruf Gottes ist eine üble und gefährliche Sache. Jesus sagt nicht pauschal: die, die nicht in die Kirche gehen, sind viel besser als die, die in die Kirche gehen. Er sagt aber auch nicht pauschal: die, die Nein sagen und nicht in die Kirche gehen, sind die, von denen ihr in göttlichen Dingen nichts lernen könnt. Er zeigt vielmehr, daß unter den Nein-Sagern neben allerlei üblen Gestalten, von denen man wirklich nichts lernen kann, sich einige befinden, an deren Tun man ablesen kann, worauf es ankommt. Sie tun, was die Ja-Sager versprochen haben.

Z. B.: das Elend der Welt läßt viele Nein-Sager heute nicht schlafen. Es mag euch nicht verdrießen, daß in heutigen Predigten, auch in dieser Kirche, immer wieder davon die Rede ist. Es gibt Sektoren des Elends in der Welt, die in bestimmten Zeiten zur Entscheidungsfrage für die Kirche werden, an denen sich entscheiden muß, ob eine Christenheit da ist, die ihren Namen verdient oder verleugnet. Das war in der Hitlerzeit das Elend der Juden, das war im 19. und in der ersten Hälfte des 20. Jahrhunderts das Elend des europäischen Proletariats. Karl Marx und Johann Hinrich Wichern haben erkannt – ein Nein-Sager und ein Ja-Sager –, daß dies die Entscheidungsfrage ist, wenn sie sie dann auch verschieden beantworteten und allerdings der Nein-Sager Karl Marx so, daß wir heute von ihm mehr lernen können als von dem Ja-Sager, dem großen, echten Ja-Sager Johann Hinrich Wichern. Karl Marx hat erkannt, daß das nicht nur zu beheben ist mit Innerer Mission, mit Caritas. Er hat in den dicken Bänden seines »Kapitals« aufgedeckt die schauerliche Brutalität, mit der die Armen Jahrhunderte hindurch in den sogenannten christlichen Völkern behandelt worden sind, und dann die Kolonialvölker von den christlichen Völkern. Er hat das analysiert auf die Ursachen hin und hat gearbeitet an der Beseitigung einer Gesellschaftsordnung, die dies verursacht.

Ich weiß nicht, ob es vielen von euch auch so geht: Zu mir kommen täglich Berichte über das Weltelend aus allen Gebieten. Sie kommen von Gruppen, in denen Nein-Sager und Ja-Sager, Christen und Nicht-Christen miteinander vereinigt sind. Zu unserer Beschämung muß ich sagen: Ich fürchte, wenn man alle befragte, würde der größere Teil dieser Menschen bekennen, daß er mit Kirche und Christentum nichts anzufangen weiß. Aber mobilisiert sind sie von den Schrecklichkeiten, von denen die Welt heute voll ist. In ihrem Wohlleben hier halten sie es nicht mehr aus. Sie erkennen, daß dieses unser Wohlleben aufgebaut ist auf dem Elend von zwei Dritteln der Menschheit, und daß unsere Politik dazu dient, diese zwei Drittel drunten und uns droben zu halten. Das ist das erste Tun, das sie vollziehen: sie informieren sich, und sie gehören darum zu den bestinformierten Gruppen, die es heute gibt, wogegen viele Kirchenchristen zu den schlechtest informierten Menschen gehören und noch nicht erkannt haben, daß ein Christ in dem Weinberg seines Herrn Bescheid wissen muß. Mit kärglichen Mitteln, unter großen persönlichen Opfern treiben sie ihre Arbeit, helfen Einzelnen und haben ständig ganze Listen von Einzelfällen parat, von Ausgewiesenen, von Paß- und Staatenlosen, von Verhafteten und Angehörigen von Verhafteten, und brauchen Geld und Geld.

Wenn das nun so wäre, daß nicht nur einzelne christliche Ja-Sager, sondern die ganzen Scharen der Kirchenbesucher in all unseren Gemeinden Bundesgenossen dieser tätigen Nein-Sager würden, wenn unsere Gottesdienstgemeinden zu den bestinformierten Gruppen in unserm Land gehören, wenn wir alle nicht schlafen könnten über den Wehe-Rufen Jesu an die Reichen, da wir doch zu dem reichen Drittel gehören und den armen Lazarus massenhaft vor unserer Tür sehen, wenn wir eine Gesellschaftsordnung, in der das Wohlleben des einen Drittels ständig das zunehmende Elend der zwei anderen Drittel produziert, als eine große, unerträgliche Unordnung empfänden und überlegten, wie das geändert werden kann, dann würden Glaube und Tun, Ja sagen und Tun des Ja unzertrennlich zusammengehen. Dann würde das Tatzeugnis der Christenheit die Bedeutung des Evangeliums für das Leben auch den Nein-Sagern anschaulich machen, dann würden unsere Gemeindezusammenkünfte zu Beratungszentren werden über das, was wir heute infolge unseres Ja, das wir sagen, tun müßten, über die weltlichen Folgen unseres Glaubens. Danach fragt das Gleichnis: Bundesgenossenschaft mit Nein-Sagern, die Gottes Willen tun, und uns daran gewöhnen, daß es das gibt.

Dieses Gleichnis ist bezeichnenderweise in den verschiedenen Handschriften des Neuen Testaments ganz verschieden überliefert worden. Man hat daran herumgearbeitet. Offenbar ist es in der Zeit, aus der unsere Handschriften stammen, also in einer Zeit, in der die Kirche schon zur Macht gekommen war, vielen Abschreibern selber in die Glieder gefahren und unbehaglich geworden, und sie haben sich wiedergefunden in den Hohenpriestern und Ältesten, zu denen Jesus hier spricht. So gibt es z. B. eine Lesart, bei der die Hohenpriester und Ältesten, nachdem sie den ersten Schock über Jesu Geschichte überwunden haben, auf Jesu Frage, welcher unter den Zweien den Willen des Vaters getan habe, ganz couragiert antworten: »Der Zweite!« Also der, der bloß Ja sagt, aber nichts tut. Sie retten sich damit in die These: Wichtiger ist, zu bekennen; nicht so wichtig ist, ob das Tun folgt. Der Glaube, das Bekennen, die Anbetung usw. – das ist die Hauptsache. Ganz sicher ist das nicht Jesu Meinung. Er will uns daran gewöhnen, daß es bei den Nein-Sagern Leute gibt, die den Willen des Vaters tun. Wenn sie ihn dann so schlecht tun, wenn diese Marxisten und Sozialisten und revolutionären Gruppen, die über dem Elend der Welt nicht schlafen können, dann so viele Fehler machen, dann könnte das daher kommen, daß wir christlichen Ja-Sager uns zu gut waren, ihnen zu helfen, die Fehler, die ihnen bei ihrer Unaufmerksamkeit auf das Evangelium unterlaufen, zu vermeiden. Weil wir fehlten in diesen Bewegungen und in diesen Gruppen, ist dort vieles so schief gegangen, worüber dann die Christen oft die Hände sich reiben und sagen: »Da sieht man ja, daß aus Neinsagen nichts Rechtes werden kann!«

Wenn aber unsere Gemeindezusammenkünfte solche Beratungszentren über die weltlichen Folgen unseres Glaubens werden müssen, dann müssen sie sich ändern. Ich fürchte immer mehr: daß wir Gottesdienste so halten, wie wir sie Jahrhunderte lang gehalten haben, ist der erste Ungehorsam, den wir begehen, das erste Nichttun, nachdem wir Ja gesagt haben. Denn die Rede des Pfarrers kann die gemeinsame Beratung nicht ersetzen. Die Strenge der Liturgie macht den Gottesdienst konzentriert, aber sie verhindert, daß wir gemeinsam über die Folgen unseres Tuns uns klar werden. Die Lieder, die wir singen, sind Glaubenszeugnisse vergangener Zeiten, für viele Menschen heute schlechthin unverständlich, und enthalten viel vom Trost des Glaubens für den Einzelnen, aber so wenig von dem Zusammenhang von Glauben und Tun, daß es mir kaum möglich gewesen ist, für diesen heutigen Gottesdienst und für diesen Text passende und für heutige Menschen singbare Verse zu finden. Daß in unseren Gottesdiensten mehr der Glaube früherer Generationen sich ausspricht als unser heutiges Hören, Glauben und Tun, das ist einer der Gründe, weshalb unsere Gottesdienste leerer werden, und weshalb junge Menschen sie kaum mehr mit vollziehen können. Sie müssen zu Versammlungen werden, in denen unter dem Hören und gemeinsamen Bedenken des Evangeliums das zum Ausdruck kommt, was heute unter uns durchs Evangelium lebendig wird an Fragen und Antworten, an Freude, Trost und Aufgaben, an Aktivitäten und Erfahrungen. Sie müssen es uns schwer machen, beim Jasagen zu verharren, ohne zum Tun des Ja weiterzugehen. Sie müssen für das Tun des Ja uns Gelegenheiten, Wege und Mittel zeigen. Dann werden vielleicht auch outsider der Gesellschaft sich herzufinden, wie damals die Zöllner und Huren; dann werden hier nicht nur brave Kirchenbürger sein, sondern eine solche zusammengewürfelte Schar an Frommen und Unfrommen, Bürgern, Strichmädchen und Außenseitern wie damals um Jesus.

Herr, unser Gott, aus dem Unfrieden, der uns erfüllt und die ganze Welt, willst du uns in deinen Frieden nehmen. Friedefürst, wir rufen dich an als Menschen deines Friedens, die schon etwas von deinem Frieden haben erfah-

ren dürfen: Laß uns zu Menschen der Unruhe werden! Zu Fremdlingen hast du uns gemacht in dieser Welt, – laß uns unruhig werden über das Elend dieser Welt!
Wir legen an dein Herz die geschundenen Menschen in Ost-Bengalen, in Süd-Afrika, die Indianer, die Gefolterten und Verhafteten in Brasilien, die Menschen in den Slums, verstreut über die ganze Erde. Du hast uns in deinen Dienst gerufen, laß uns unruhig sein über unser geringes Werk, laß uns unruhig sein über die Größe deines Befehls, laß uns unruhig sein über die verrinnende Zeit und jede vertane Stunde! Laß uns unruhig sein, daß wir ungeschickt sind zum Gehorsam! Laß uns unruhig sein über unsere Sünden, über die Sündennot aller Menschen! Laß uns unruhig sein und dein Gericht erwarten in jedem Augenblick! Laß uns unruhig sein und in der Unruhe deines Wortes uns getrösten! Laß uns vorwärts schreiten im Verlangen nach dem Anbruch deiner Herrschaft! Wir danken dir, daß unser Werk endet und dein Werk beginnt.

AUSSICHTEN FÜR AUSSICHTSLOSE MINORITÄTEN

Ein anderes Gleichnis legte er ihnen vor mit folgenden Worten: Gleich ist die Herrschaft der Himmel einem Senfkorn, das ein Mensch nahm und in seinen Acker säte; es ist zwar kleiner als aller andere Same, aber wenn es wächst, ist es größer als Gartenpflanzen und wird zum Baume, so daß die Vögel des Himmels kommen und in seinen Zweigen wohnen. Ein anderes Gleichnis sagte er ihnen: Gleich ist die Herrschaft der Himmel einem Sauerteige, den eine Frau nahm und hinein verbarg in drei Scheffel Mehl, bis dieses ganz durchsäuert war.

Matth. 13,31–33

Das Mißverhältnis, das in diesen beiden Gleichnissen beschrieben wird – das ist das Problem des Christseins, die Anfechtung des Jüngers, und in diesem Mißverhältnis steckt das ganze Evangelium. »*Wem soll ich das Himmelreich vergleichen? Das Himmelreich ist gleich . . .*« Jesus will sagen: Ich möchte euch veranschaulichen, wie das Reich Gottes, das Herrschen Gottes, der Sieg des Herrschens Gottes sich durchsetzt, über der ganzen Welt, so daß nun die ganze Welt ihm gehört, durchdrungen von göttlichem Lebensgeist und Liebesgeist und nicht mehr, wie wir sie jetzt sehen, durchdrungen vom Geist der Gewalt und des Habens für sich und des Mammons und des Gehens über die Leichen anderer und der Unterdrükkung und des reinen Privatgenusses. Dann werden wir selbst alle tief verwandelte Menschen, nicht mehr rücksichtslose und zugleich angstvolle, lieblose, habenwollende Menschen, sondern Menschen voll Glauben, Liebe und Hoffnung, jeder von uns eine Wohltat für alle, die mit ihm zusammenkommen, ein Lebenselement für seine ganze Umgebung. Das ist Reich Gottes: Durchdringung des Irdischen mit himmlischem Geist, anstelle des alten Geistes, der jetzt die Erde zerstört. Das ist die wahre, große Revolution, die Revolution des Reiches Gottes, und dazu wird es kommen, dazu hat Gott sich aufgemacht.

Wir hören das Versprechen, dazu soll es kommen, und es hängt dann eigentlich wenig davon ab, ob wir's glauben oder nicht. Ein Gefangener bekommt seine Freiheit versprochen; es hängt auch wenig ab davon, ob er's glaubt oder nicht, kommen wird sie jedenfalls. Aber wenn er's glaubt, dann ist er ein bißchen besser dran in seiner Zelle. Dann kann er davon träumen. Mehr aber kann er nicht tun, als warten auf die Erfüllung des Versprechens, auf die versprochene Freiheit, und inzwischen eben davon träumen.

Mit den Jüngern, mit den Mitarbeitern Jesu ist es anders. Die haben auch ein Versprechen bekommen: die Herrschaft Gottes wird sich durchsetzen, die Erde wird durchdrungen werden vom Geist des Lebens, und beseitigt werden wird der Geist des Todes, der jetzt herrscht in den Herzen der Menschen wie in den ganzen Verhältnissen. Das Versprechen haben sie bekommen, und es ist ihnen glaubwürdig geworden; sie glauben's dem, der es ihnen gegeben hat, daß er selbst dafür sorgen wird, daß es dazu kommt, und sie freuen sich deshalb, sie träumen davon, sie warten darauf, sie sehnen sich danach, alles gleich wie der Gefangene in der Zelle. Aber ein großer Unterschied: als Jünger sind sie Mitarbeiter Jesu, und als Jünger bekommen sie im Hinblick auf den Sieg der Herrschaft Gottes etwas zu tun. Jesus sagt ja nicht nur: Diese Durchdringung des Irdischen mit dem Himmlischen, dieser Sieg des Lebensgeistes über den Todesgeist, das Reich Gottes, ist nahe herbeigekommen – sondern er fügt sofort hinzu: Darum ändert euer Leben, weg von der Todesrichtung hin zur Lebensrichtung! Der großen Weltveränderung soll also jetzt schon eine kleine Weltveränderung entsprechen, eine Veränderung in uns und in unserm Verhalten im Umkreis unseres Lebens. Es soll das, was künftig sein wird, jetzt schon gegenwärtig beginnen und nicht nur etwas rein Künftiges sein, worauf man sich freut, und wovon man träumt. Jünger, Mitarbeiter Jesu, haben zweierlei zu tun: 1. diese Veränderung selbst in ihrem Leben zu vollziehen, und 2. den Ruf Jesu zu den anderen Menschen weiterzutragen durch ihr Wort und durch das Beispiel ihrer eigenen Lebensveränderung, damit immer mehr Menschen hineingezogen werden in die verändernde Wirkung des Reiches Gottes hinaus zu den Völkern. »Gehet hin in alle Welt und lehrt alle Völker und tauft sie!« Das heißt eben nicht: Tauft sie zunächst einmal und dann schaut, ob ihr sie sonst noch ein bißchen zu Christen macht, sondern das heißt: Unterwandert alle Völker auf dem langen Marsch und gewinnt dort einige Jünger zu Mitarbeitern, und diejenigen, die ihr zu Mitarbeitern gewinnt, die tauft! Damit durchsetzt ihr das Leben der Völker so, daß immer mehr Menschen Geschmack an einer neuen Lebensweise bekommen, daß die alten Verhältnisse ausgehöhlt werden und die Menschen nicht mehr mitmachen bei den Interessen, die hinter den alten Verhältnissen stehen, und Lust haben zu einem neuen, brüderlichen Leben miteinander. Zu dieser subversiven Unterwanderungsbewegung werden die Jünger hinausgeschickt in die Völker.

Nun ist das allerdings ein riesiges Mißverhältnis. Da stehen um Jesus diese paar Leute herum, Analphabeten aus Galiläa, von wo doch ohnehin nichts Gutes kommen kann, ein paar Fischer und Bauern, die nicht lesen und schreiben können, ein paar Frauen dazu noch, von denen man damals ohnehin nicht viel gehalten hat (denn mit der Emanzipation der Frau war es damals noch viel weniger weit her als heute), und noch dazu ein paar Prostituierte, also besonders verachtete Frauen mitten darunter, und dann der eine oder andere Zöllner, d.h. Geldeintreiber im Dienste der Besatzungsmacht, der unter dem verändernden Einfluß Jesu mit seinem abscheulichen Gewerbe gebrochen hat. Das ist das Ganze. Und ihnen gegenüber alles, was Macht und Bildung in Israel hat, alle ihnen entgegen, die Frommen wie die Zyniker. Und die Besatzungsmacht wird bald darauf zeigen, daß sie nicht viel Federlesens mit einer solchen subversiven Bewegung macht, indem sie das Haupt dieser Bewegung, diesen Jesus selbst, umbringt. Dann aber geht es wunderbarerweise weiter, wirklich wunderbarerweise; denn es geht nur dadurch weiter, daß der Umgebrachte selbst erscheint bei seinen verschreckten Mitarbeitern in himmlischem Glanz. Sie bekommen neuen Mut, und die Bewegung geht weiter, es entstehen Gemeinden da und dort. Aber in all diesen Gemeinden wiederholt sich ständig die Ausgangssituation: »Schaut an, wie ihr dran seid«, schreibt Paulus an die Korinther, »nicht viel reiche Leute, nicht viel Einflußreiche, nicht viel Prominente, nicht viel Angehörige der herrschenden Klasse, sondern was verachtet ist in der Gesellschaft, das hat Gott erwählt zu seinen Mitarbeitern.« Dann hat sich zwar die Sache noch viel weiter ausgebreitet. Auf einmal sind die Prominenten gekommen, ganze Völker haben sich taufen lassen. Die einflußreichen und die herrschenden Klassen sind gekommen und haben es schlau verstanden, auch diese neue Lehre in den Dienst ihrer Interessen zu stellen. Heute gibt es soundsoviel Millionen Christen auf dem Erdball und christliche Parteien mit Millionen von Wählern. Man könnte meinen, das erste Gleichnis mit dem Senfkorn, aus dem ein Baum wird, das hat sich großartig erfüllt. Aber das zweite Gleichnis mit dem Sauerteig, das ist die kritische Frage an das erste Gleichnis. Da kann ein großer Baum werden, aber wie steht es mit dem Sauerteig in diesem ganzen millionenhaften Pseudochristentum? Hat das als Sauerteig die Welt verändert?

Es zeigt sich aber: wo der Geist Gottes, der Geist des Evangeliums Menschen erweckt und Gruppen sammelt, die es ernst meinen mit dem Jüngersein und der Mitarbeit, da wiederholt sich jedesmal die Ausgangssituation. Mitten in der millionenfachen Christenheit sind es winzige Gruppen in aussichtsloser Lage. Das kann doch nicht gut gehen, dieses Mißverhältnis zwischen der Größe der Aufgabe, der Größe der ganzen Welt, die durchdrungen werden soll, und der Winzigkeit von solchen Gruppen. Dieses entmutigende Mißverhältnis ist die Anfechtung der Jünger, die Jesus hier vor sich hat. Er sagt ja selbst einmal: Ja, ich weiß schon, ihr seid dran wie Lämmer, die man in ein Wolfsrudel jagt. Jawohl, so schreien jetzt die Jünger zu ihm, schau doch, wie wir dran sind, wie wehrlose Lämmer umringt von Wolfszähnen. Jawohl, schreit so ein Korn, das überhaupt nicht weiß, daß es ein Korn ist, schau doch, was ich für ein winziges Ding bin, und du stopfst mich noch in die Erde hinein; wie soll ich denn da weiterkommen? Da verfaule ich und gehe ganz zugrunde, und aus ist es! Jawohl, schreit der Sauerteig, der nicht weiß, daß er ein Sauerteig ist, zu der Frau: Ich bin solch ein kleines Klümpchen, und du steckst mich hinein in drei Scheffel Mehl (das sind 35 Liter Mehl), wie soll ich denn nicht untergehen und erstickt werden, aufgelöst in dieser Riesenmasse?

Dieses unser Geschrei hört Jesus, das Geschrei seiner Jünger, die dann, wenn sie wirklich Jünger sind, in aussichtsloser Minorität sind. Dafür erzählt er dieses Gleichnis und sagt: Ihr wißt eben nicht, wer ihr seid, und wer ich bin. Das ist's, was ihr jetzt noch lernen müßt, das Mitarbeiter-ABC müßt ihr Analphabeten lernen. Ihr meint, ihr seid ein winziges Ding, weiter nichts, aber was ich in euch hineingebe, das ist Korn und das ist Sauerteig, und dadurch werdet ihr Korn und Sauerteig. Und damit ihr Analphabeten lernt, was das für merkwürdige Worte sind, *»Korn«* und *»Sauerteig«,* gehen wir jetzt in den Garten.

Da sind zwei winzige Dinger; das eine ist ein Sandkorn und das andere ein Senfkorn, und ihr Törichten meint, das sei gleich, weil's gleich winzig ist. Aber der Unterschied ist, daß das eine ein Senfkorn ist und das andere ein Sandkorn. Dann gehen wir in die Backstube. Da sind zwei kleine Klümpchen, beide sehen ganz gleich aus, und ihr meint also, das sei das Gleiche. Aber der Unterschied ist: das eine ist ein Klumpen Gips und das andere ein Klumpen Sauerteig. Der Unterschied ist: der Klumpen Gips ist tote Materie; das hat keine Zukunft, weil es keine Dynamik hat. Aber im Senfkorn und im Sauerteig ist Dynamik enthalten, eine Kraft, die gar nicht ruhen kann. Man hat als Mehl nicht ungestraft Sauerteig in sich, der wird sich rühren und verändern. Eine Gesellschaft hat nicht folgenlos Jünger in sich, das wird sich rühren und verändern. Die entscheidende Frage der Macht ist also nicht die Quantität, auf die ihr jetzt starrt, diese winzige Quantität, sondern die entscheidende Frage der Macht ist, wieviel Dynamik in einer winzigen Quantität steckt, und wenn Dynamik drin steckt, dann wird eine Riesenmasse Mehl durchsetzt von einer winzigen Masse Sauerteig. Wenn das Kleine die Dynamik hat, ist das Große schwächer als das Kleine. »Das Allerweichste besiegt das Allerhärteste auf Erden«, hat der große chinesische Weise Laotse gesagt. Das ist das Versprechen, das Jesus jetzt seinen Jüngern gibt, das Versprechen dieser Dynamik, mit der das Winzigste das Größte überwindet.

Natürlich ist damit das Gespräch zwischen Jesus und seinen Mitarbeitern noch längst nicht zu Ende. Inzwischen sind ja 2000 Jahre darüber ins Land gegangen und die Jesus-Bewegung, das Christentum, hat sich ausgebreitet, wie damals niemand es vorhergesehen hätte, und ist ein Baum geworden, in dem wirklich sehr verschiedene Vögel wohnen. Aber die Sauerteigwirkung, ist eigentlich unwiderstehlich davon ausgegangen, oder muß man nicht eher sagen, daß mit dem, was man in der

Geschichte den Sieg des Christentums unter Konstantin nennt, eher das heidnische Mehl über den christlichen Sauerteig gesiegt hat? Was ist eigentlich unwiderstehlich, der verderbliche Einfluß der Welt auf die Jüngergemeinde, die Durchsetzung der Jüngergemeinde mit Heidentum und Weltgeist und Unglauben – oder umgekehrt die Durchsetzung der Welt mit Glauben und Jüngergeist und neuer Dynamik gegen das Alte? Oft genug erfahren wir mehr die gegenteilige Unwiderstehlichkeit als diejenige, die Jesus hier versprochen hat. Die Frage ist dann, ob wir das Gleichnis Jesu und das Versprechen, das es enthält, ad acta legen sollen auf Grund dieser Erfahrungen um uns her und auch der Erfahrungen bei mir selber, wo ich im Kampf des Geistes Jesu mit dem alten Weltgeist in mir immer wieder nicht die Siege Jesu, sondern die Niederlagen Jesu in meinem Wesen erlebe. Sollen wir Jesu Gleichnis und Versprechen ad acta legen?
Ein Ausleger überschreibt diese beiden Gleichnisse mit dem Titel »Die große Zuversicht«. Eine große Zuversicht wird ermöglicht. Wodurch? Schlicht durch Glauben. Die eigentliche Frage, die das Gleichnis uns stellt, ist, ob wir dem Versprechen Jesu jeden Tag neu, allen entgegengesetzten Erfahrungen zum Trotz, glauben. Glauben wir ihm, dann werden wir von Wirkungen zu Wirkungen gehen. Dann wird es ganz sicher sein, daß unser Dasein in unserer Umgebung verändernde Wirkung hat jeden Tag, und daß wir selbst in uns verändernde Wirkungen erfahren. Das hängt daran, daß wir auf dieses Versprechen Jesu uns fest verlassen.
Merkt zum Schluß dabei noch folgendes: Es kommt ja nach den Worten Jesu nicht nur für uns selbst so viel darauf an, daß ein paar glaubende Christen da sind, ein paar aus Glauben sich verändernde und um sich herum verändernd wirkende Christen, eine winzige Minorität, die Dynamik hat. Es kommt für die ganze Umgebung darauf an. Es könnte ja sein – und das ist immer wieder gesche-

hen, daß christliche Gruppen sagen: Damit nicht die Welt uns durchsetzt, müssen wir uns streng von der Welt abschließen und uns von der Welt unbefleckt erhalten, allein eine kleine, abgeschlossene Zelle des Reiches Gottes inmitten der bösen Welt. Das wäre ganz schön, wenn's der Herr Jesus uns nur erlaubt hätte. Das Christentum muß hinaus in die Welt. Dann eben wird's gefährlich! Konservenchristentum, wie es manche Gruppen machen, ist eine ungefährliche Sache. Aber hier soll gewirkt werden. Das Senfkorn muß die Erde durchstoßen und durcharbeiten, damit es wachsen kann. Und der Sauerteig darf nicht für sich selbst sich einkapseln, sondern muß hinauswirken. Dann wird's gefährlich, natürlich, aber dann tritt auch die Verheißung in Kraft. Dafür brauchen wir die große Zuversicht, aber dann lohnt sie sich auch. Überall, nicht nur in der Kirche, aber auch in der Kirche, in der großen, müde und fad gewordenen Kirche, muß es diese kleinen Gruppen geben, und es ist ihnen Wirkung verheißen, auch draußen in der Gesellschaft.

Hans Joachim Iwand hat einmal gesagt: »Die bekennende Kirche ist immer in der Opposition.« Damit hat er nicht gemeint, daß die Christen sich irgendwo in einen Schmollwinkel zurückziehen und auf die böse Welt schimpfen, sondern er hat gemeint: Die Christen gehen hinein in die Welt, in die gesellschaftliche Arbeit, in der jeder von uns ja ohnehin steht, und aus der wir uns gar nicht lösen können, und wo er dann auch ist, in der Berufswelt und in der Dahlemer Kirchgemeinde, in der West-Berliner Kirche und im West-Berliner Senat, in den Parteien und in der Gewerkschaft, in der sozialistischen Bewegung und in der Studentenschaft, wo er auch ist, wird er sich, wenn er den Ruf Jesu ernst nimmt und weitergibt, vorfinden als Mitarbeiter in all diesen Zusammenhängen und zugleich als Mitarbeiter Jesu, als Mitarbeiter, der in seinem Kreis leider Gottes immer oppositionell wird, ein kritischer, unbequemer Mitarbeiter, von dem immer wieder korrigierende Wirkung ausgeht. Das ist die Funktion dieser kleinen christlichen Gruppen. Dann kommt, so sagt Jesus, mit diesem Tun in der Welt nichts Geringeres als das Reich Gottes, Herrschen Gottes zu den Menschen. Wo solche christlichen Gruppen sind, glaubend und verändernd, da beginnt ein kleines Kapitel der Herrschaftsgeschichte Gottes, wo z. B. hier in Berlin Christengemeinden die Obdachlosenprobleme, die Altenheimprobleme usw. in ihrem Bereich anfassen, wo wir die Gastarbeiter entdecken als diejenigen, die uns brauchen, und die Drogenleute, die Behinderten, heute die vietnamesischen Studenten, 60 Studenten hier in Berlin, die von der Ausweisung bedroht sind, weil sie Militärdienst tun sollen unter dem ihnen verhaßten Diktator Thieu in Saigon, und die, wenn sie nicht zurückgehen, ihren Paß verlieren. Jeden Tag begegnen uns solche Dinge, und jedesmal sind wir gefragt, ob wir es bei diesen Menschen möglich machen, daß sie von der Dynamik, von der Veränderungskraft des Reiches Gottes, des Herrschens Gottes, etwas erfahren. Bequem wird es nicht sein, aussichtsreich auch nicht, die Zähne der Wölfe wird man zu spüren bekommen, die Übergröße der Aufgabe und die Übermacht der Gegner wird erdrückend und verzweifelt machend wirken, und wir werden schreien: Herr, schau, wir sind nichts als Lämmer, wir sind nichts als winzige Körner, kleine Klumpen, was soll für Hoffnung sein? Und er sagt: Es ist ein Unterschied, ihr seid Senfkörner, ihr seid Sauerteig, glaubt mir, das werdet ihr noch erfahren. Gebt nicht auf, haltet fest an der Sache, dann werdet ihr merken, wo ihr steht, und was ihr seid: nicht Sandkörner, sondern Senfkörner, lebendige Körner, nicht ein Klumpen Gips, sondern Sauerteig!

Um diese Erfahrung täglich, damit wir große Zuversicht bekommen, wie wir sie brauchen, bitten wir dich, unser Herr, der du uns dazu ernennst und berufst.

IV. Der Vortrupp der neuen Welt

ANFANG EINER NEUEN GESELLSCHAFT

Die Liebe – ohne Heuchelei! Voll Widerwillen gegen das Böse, anhangend dem Guten. In Bruderliebe einander herzlich zugetan, in Ehrerbietung einander zuvorkommend. Im Ernstmachen nicht träge, im Geiste glühend, dem Herrn dienstbar, durch Hoffnung freudig, unter Druck standfest, im Gebet beharrlich, an den Bedürfnissen der Heiligen anteilnehmend, Gastfreundlichkeit anstrebend. Segnet die Verfolger, segnet, und fluchet nicht! Fröhlichsein mit den Fröhlichen, weinen mit den Weinenden! Auf das Gleiche seid füreinander bedacht! Nicht aufs Hohe denkend, sondern miteinander bewegt zum Niedrigen! Werdet nicht bei euch selber klug! Keinem Böses mit Bösem vergeltend, bedacht auf das, was bei allen Menschen als löblich gilt. Ist es möglich, soviel an euch liegt, mit allen Menschen Frieden haltend. Nicht euch selber rächend, sondern gebt das Feld frei dem Zorn Gottes. Denn es steht geschrieben: Ich bin Rache, ich werde vergelten, spricht der Herr. Aber wenn dein Feind hungert, speise ihn! Wenn er dürstet, tränke ihn! Denn so handelnd wirst du brennende Kohlen auf sein Haupt häufen. Laß dich nicht vom Bösen besiegen, sondern besiege im Guten das Böse! Röm. 12,9-21

Am vergangenen Sonntag erwähnte Pfarrer Theodor Jänicke in seiner Predigt, daß Jungen in seiner Jungengruppe beim Lesen des vorletzten Verses gesagt hätten, dies könne nur ein Verrückter geschrieben haben; denn ein normaler Mensch könne das nicht und wolle das nicht. – Am Abend des gleichen Tages saß bei uns ein Student, der am Nachmittag wegen Protestes gegen die griechische Militärdiktatur auf der Grünen Woche festgenommen worden war und nach seiner Festnahme, obwohl er keinen Widerstand geleistet hatte, von einigen Polizisten so zusammengeprügelt worden war, daß er im Krankenhaus versorgt werden mußte. Er befühlte seine schmerzenden Glieder, und in Erinnerung an sein heimatliches Pfarrhaus meinte er, die Worte von der Feindesliebe kämen ihm nach solcher Erfahrung doch recht unmöglich vor. – In der gleichen Woche hatte ich mit Theologiestudenten über die Frage der Gewalt zu diskutieren, und auch unter ihnen meinten einige, wenn man, wie ein Christ es doch tun solle, aus Nächstenliebe sich politisch engagiere und infolgedessen, wenn die Situation es erfordere, aus Liebe zu unterdrückten Menschen an einer sozialen Revolution teilnehme, dann bleibe nichts übrig, als das Gebot der Feindesliebe auf die Seite zu legen und den Feind gerade nicht zu lieben, sondern entschlossen zu bekämpfen.

Die Jungen sagen es wenigstens ehrlich heraus: So fremd ist uns das Evangelium, liebe Freunde, so absurd und unmöglich erscheint es uns, obwohl wir uns alle Christen nennen, 95% der Bevölkerung in unserem Lande zur christlichen Kirche gehören und Religionsunterricht bekommen, wo ihnen die christlichen Glaubenssätze eingeprägt werden, und in einem großen Mißverständnis dessen, was christlich »Glauben« heißt, meinen viele, man hätte Christen produziert, wenn man Menschen dazu bringt, zu bestimmten Glaubenssätzen Ja zu sagen. In der ganzen Aufzählung von Eigentümlichkeiten des Lebens einer christlichen Gemeinde, die wir soeben gehört haben, kommt aber von diesen Glaubenssätzen gar nichts vor. Was an einer Gemeinde dran ist, wieweit sie wirklich und nicht nur dem Namen nach christlich ist, das kommt offenbar nicht schon bei ihrem Bekenntnis heraus, sondern erst bei ihrem Leben, nicht schon bei der Theorie, sondern erst bei der Praxis. Solange sie nicht in der Praxis ihrer Umwelt fremdartig, andersartig, ja verrückt erscheint, solange helfen auch die wunderbarsten, alle Vernunft übersteigenden Glaubenssätze nichts, sie ist doch nur ein ganz gewöhnliches Stück dieser Welt, hinter der christlichen Fassade das alte Leben mitmachend, keine Weltveränderung.

Das heißt keinesfalls, daß es nicht auf das ankäme, was diese Glaubenssätze aussagen. Am Glauben hängt das ganze Leben. Von dem her, was das Glaubensbekenntnis aussagt, ist dieses fremdartige, neue Leben überhaupt erst möglich. Elf Kapitel lang hat Paulus im Römerbrief das Bekenntnis des christlichen Glaubens entfaltet, bevor er im zwölften Kapitel aufs christliche Leben kommt. Was er aber darüber sagt, das ist alles andere als ein Anhängsel, ein moralischer Schwanz, sondern das ist das Ziel, auf das alles zustrebt. *Nur der Geliebte kann lieben,* – so gründet unser Lieben im Evangelium von Gottes Liebe zu uns. Aber: *Wir sind Geliebte, damit wir lieben;* wir sind weltüberwindend geliebt, damit es bei uns zu einem weltverändernden Lieben kommt. Die Glaubenssätze weisen in stammelnden menschlichen Worten hin auf eine neue Wirklichkeit, hereingekommen in diese Welt mit den wunderbaren Namen Jesus Christus, Heiliger Geist, Auferstehung. Diese Wirklichkeit kommt durchs Evangelium nach Korinth, nach Rom, nach Berlin, und hat zur Folge die neue Möglichkeit: dieses neue Leben, das Paulus hier schildert.

Was also jenen jungen Menschen als ein viel zu hohes, unerreichbares, höchst rigoroses Gebot erschien, das ist in Wirklichkeit für diese Leute hier die neue Luft, in der sie atmen, der neue Strom, der sie mitnimmt und trägt. Nicht ein hartes Sollen, viel zu schwer für uns, beschreibt Paulus hier. So erscheint es nur in den deutschen Übersetzungen. Wer so glücklich ist, den griechischen Urtext lesen zu können, der sieht: die paar Imperative, die in diesem Abschnitt vorkommen (V. 14, 16b, 19a, 20–21), sind eingefügt in lauter nebeneinander stehende Ausrufe, so daß das Ganze ein Gemisch von Aufruf und Beschreibung ist: So sollt ihr sein – und so seid ihr ja schon! So erfahrt ihr es doch schon; in dieser neuen Richtung lebt ihr doch schon – und nun also weiter so und noch entschlossener so vorwärts! Aller Imperativ ist auch schon Indikativ, aber was schon da ist als Indikativ, drängt imperativisch voran zu noch besserer Verwirklichung.

Ihr! schreibt der Apostel, – laßt uns dieses Ihr! nicht gleich auf ein Du! reduzieren! Zwar heißt es in den letzten Versen Du!, damit jeder Einzelne weiß: ich selber bin gemeint, ich muß mich ganz persönlich in dieses neue Leben hineinziehen lassen, damit der Strom nicht an mir vorbeifließt, damit ich nicht eine kranke, alte Stelle in der Gemeinde bin. Aber im Vordergrund steht das Ihr! Das bedeutet: es geht nicht nur um die Besserung von Einzelmenschen, sondern um eine neue Gemeinde, um eine neue Art von Zusammenleben, ja, um eine neue Gesellschaft. Das Evangelium ist die Botschaft von der hereinbrechenden Christusmacht der Liebe Gottes durch Verwirklichung der Gemeinde als einer neuen Gesellschaft der Freiheit, Gleichheit und Brüderlichkeit. Das ist die Vision des Paulus, und doch nicht nur Vision, sondern schon anfangende Wirklichkeit in jenen ersten Zeiten der Christenheit.

Grundlegend ist die Brüderlichkeit. Brüder Jesu und durch ihn Kinder der gleichen Vaterliebe – so sehen sie *»einander in Bruderliebe herzlich zugetan«*. Das wird der Maßstab zur Unterscheidung von Gut und Böse. Was der Brüderlichkeit widerspricht, das ist böse. Wenn man überhaupt eine Veränderung Revolution nennen kann, dann diese. Denn um sie her ist eine Welt, die der Brüderlichkeit widerspricht, in der ganz andere Maßstäbe gelten. Sie ist eingeteilt nach Herren und Sklaven, – das geht nicht mehr, die sind jetzt Brüder in der gleichen Christusfamilie; hier gibt es arm und reich, – das geht nicht mehr.

Brüder teilen miteinander. Da sind die Frauen unterdrückt, – das geht nicht mehr, der Bruder Jesus steht Brüdern und Schwestern gleich nahe, darum Gleichberechtigung der Frauen; da hassen und verachten und bekämpfen sich die Völker gegenseitig, Griechen, Juden, Römer, Germanen, Franzosen, Deutsche, Russen, Weiße, Schwarze, – das geht nicht mehr. »Hier ist nicht Jude noch Grieche, nicht Sklave noch Freier, nicht Mann noch Frau; denn ihr seid alle einer in Christus Jesus« (Gal. 3, 28). Diese alte, unbrüderliche Gesellschaft und diese neue, brüderliche Gesellschaft, – das ist gemeint mit den Worten: *»Voll Widerwillen gegen das Böse, dem Guten anhangend«.*

Voll Widerwillen gegen die bösen Trennungen der Menschenkinder des gleichen Vaters kommt jetzt der Herr seinen Sklaven mit Ehrerbietung zuvor, – nimmt ein Freier, weinend mit den Weinenden, Anteil an den Leiden eines geschundenen Sklaven aus dem Nebenhause, – nimmt ein Sklave sich die Sorgen seiner Herrschaft zu Herzen, – öffnet ein Reicher sein Haus gastfrei für Obdachlose, – halten ältere Leute sich nicht selbst für klug, sondern sind bereit, auch von den Jungen zu lernen, – gibt es bei allen Gliedern Mit-Freude, wenn ein Glied sich freut, und Mit-Trauer, wenn ein Glied leidet (1. Kor. 12,26). Das ist Revolution der Gesellschaft, das sind lauter Verrücktheiten, damals wie heute: Herren und Sklaven werden Verräter ihrer Klassen, Griechen, Juden, Germanen brechen aus der Front ihrer verfeindeten Völker aus; eine Insel von Menschlichkeit entsteht inmitten einer unmenschlichen Welt.

Das neue Zusammenleben beschränkt sich nicht auf die, die dazu gehören; es wirkt sich nach außen aus. So lebt man nicht ungestraft, die alten Fronten fordern ihr Recht; die Herren rufen den Herren zu: »Ihr verderbt uns die Sklaven!«, und die Sklaven grollen den Sklaven: »Ihr verratet uns an die Herren!« Die feindlichen Völker verlangen von ihren Landsleuten: »Ihr gehört zu uns und nicht zu denen da drüben!« Das kann nicht gut gehen, das wird Repressalien der alten Kollektive gegen ihre untreuen Mitglieder geben, also Verfolgungen. Aber in der neuen Lebensweise gibt es kein Zurückzahlen mit gleicher Münze mehr: *»Segnet die Verfolger, segnet, und fluchet nicht!«* Der Feind wird nicht mehr als Feind angesehen, wie feindlich er sich auch gebärden mag; er ist ein potentieller Freund, er soll gewonnen werden zur Bruderschaft; ihm mit Feindschaft vergelten, wäre Rückfall ins alte Leben, wäre Niederlage, nicht Sieg: *»Laß dich nicht vom Bösen«,* von den Lebensregeln der bösen, alten Gesellschaft, *»besiegen, sondern besiege das Böse mit Gutem«*, mit den Lebensregeln der neuen Gesellschaft! So ist die neue Gemeinde nicht nur eine Insel des Friedens, sondern eine ausstrahlende Insel, ein wirkendes Salz, Frieden auch um sich herum in der Umwelt verbreitend: *»Ist es möglich, soviel an euch liegt, bringt zu allen Menschen Frieden.«* Es ist aus mit dem Kriege, aus mit der Gewalt! In einer Welt des Krieges, in der ohne Gewalt nicht auszukommen ist, wagt diese Gemeinde die Verrücktheit, gewaltlos zu leben, den Kriegsdienst zu verweigern, nicht als Drückeberger, um saubere Hände zu behalten, sondern als Friedensstifter, die Gottes Liebe zu den verfeindeten Brüdern tragen will, um die Lebensregeln einer künftigen Welt ohne Gewalt vorwegzunehmen.

Wenn das einmal Wirklichkeit war, wenn auch nur anfängliche, unvollkommene Wirklichkeit, wenigstens anfänglich Indikativ und nicht nur Imperativ, reales Leben und nicht nur schönes Ideal, dann schauen wir schmerzlich zurück auf diese Zeit der ersten Liebe in der Christenheit. Wie mußte es weitergehen – und wie ist es tatsächlich weitergegangen? Diese winzigen Gemeinden, die – in aller menschlichen Unvollkommenheit – der Gewalt und den Trennungen absagten und brüderlich

lebten, breiteten sich nun ja aus. Ihr neuer Glaube und ihr neues Leben wirkten auf andere Menschen attraktiv, zogen sie an und ins neue Leben hinein. Dann mußte sich doch auch das neue Leben immer weiter ausbreiten! Schließlich war das ganze römische Reich davon erfaßt, das Christentum wurde Staatsreligion, das Heidentum starb aus, schließlich in ganz Europa. Das mußte doch bedeuten: Das ganze römische Reich und nach ihm die europäischen Völker werden von Frieden und Brüderlichkeit erfaßt, die alte, böse Gesellschaft stirbt aus, und überall wird das Böse vom Guten besiegt.
Zwar mußten diese kleinen Gemeinden ihrer Ohnmacht wegen noch in den alten Strukturen von Herrschaft und Sklaverei, von Reich und Arm ihr neues Leben führen, aber ihre Ausbreitung mußte doch diese bösen, alten Strukturen allmählich aushöhlen und schließlich ganz beseitigen zugunsten der neuen Gesellschaft von Freiheit, Gleichheit und Brüderlichkeit.
Wir wissen, wie anders es gegangen ist, wie mit der größeren Ausbreitung die Kraft des neuen Lebens dünner geworden ist, zwar nicht einfach verschwunden, Gott sei Dank nicht!, verborgen wirkend im Leben unzähliger Menschen mehr, als wir es nachprüfen können, auch manche schlechten alten Sitten durch bessere ersetzend. Aber – um es im Bilde zu sagen, – die Ausbreitung der Insel über ganze Völker wurde mit dem Verlust der Insel bezahlt, die Ausbreitung des Salzes mit dem Verlust der Salzzentren, an denen der Gegensatz von altem und neuem Leben sichtbar wird, und von denen aus immer neue Wirkungen des neuen Lebens ausgehen können. Nicht mehr solche Salzzentren, nur noch vereinzelte Salzkörner gab es, nicht mehr ganze Gemeinden, sondern nur noch einzelne Christen wirkten als Salz, *»im Ernstmachen nicht träge, im Geiste glühend, dem Herrn dienstbar«,* oder bestenfalls kleine christliche Gruppen inmitten einer großen Christenheit, die die Glaubens-

sätze zwar bekannte, aber dem alten Leben wieder verfallen war und es nicht besser, oft gar noch übler als die Heiden trieb.

Man kann Erklärungsgründe dafür nennen. Wir wollen nicht andere Menschen und andere Zeiten anklagen. Aber das Resultat ist, daß wir in Verlegenheit vor einem solchen Apostelbrief stehen und nicht wissen, wo wir solche Gemeinden der neuen Gesellschaft finden sollen, und wie unsere hiesige christliche Gemeinde eine solche Gemeinde überhaupt soll werden können. Wir sollen diese Verlegenheit ja nicht verkleistern, sollen sie so kraß empfinden, wie sie besteht. Nur zur Resignation darf sie nicht führen; Resignation ist Unglaube, und davor will uns das Evangelium gerade bewahren. Es will uns Mut machen zu neuen Möglichkeiten, also auch dazu, bei dieser unserer Gemeinde, bei dieser unserer Kirche anzufangen mit dem Vorstoß des Glaubens zum Leben, den der Glaube von uns haben will, und das heißt: kritisch fragen, welche Bremsen und Hindernisse eingebaut sind, welche Veränderungen nötig sind, damit die christliche Gemeinde nicht weiterhin der Welt schuldig bleibt, was sie ihr schuldig ist.

Beim französischen evangelischen Kirchentag, der an einem Ort der schlimmsten Hugenottenverfolgungen in den Cevennen stattfand, wurde im vergangenen Jahr der Satz gesagt: »Für uns besteht die Sünde darin, daß wir für das Partei ergreifen, was zu unserm Ruhme beiträgt, daß wir die Stabilität den notwendigen Änderungen vorziehen.« Zu solchen Änderungen nicht nur des persönlichen Lebens, sondern zugleich des Gemeindelebens drängt uns dieser Evangeliumsruf des Apostels.

Darum bitten wir unsern Herrn: Hilf uns, daß unsere Gemeinde so wird: »im Ernstmachen nicht träge, im Geiste glühend, dir, unserm Herrn, dienstbar«!

Wir danken dir, unser Herr Jesus Christus, daß du dir ein

Volk aus aller Welt Zungen erweckt und gesammelt hast, und daß auch wir dazu gehören dürfen. Das ist das Wichtigste in unserm Leben. Hilf uns, daß wir es nicht verlieren!

Du hast uns heute durch deinen Apostel wieder sagen lassen, wozu du dir eine Gemeinde auf Erden geschaffen hast: als einen Ort des Friedens mitten im Streit der Menschen, als einen Ort der Zukunft deines Reiches mitten in der alten Welt, als eine brüderliche Schar, als hinauswirkendes Salz und Licht, als Anfang einer neuen Menschengesellschaft.

Wir sehen den Widerspruch unserer Wirklichkeit zu unserer Bestimmung. Wir haben Angst jetzt, wir möchten nur eine Scheinkirche und eine Scheingemeinde sein. Wir wenden uns zu dir, weil wir nichts anderes tun können, mit dem Bekenntnis unserer Schuld und mit der Bitte um Erneuerung der Gemeinde. Wir bitten dich auch nicht, damit wir uns beruhigen, vielmehr damit wir neuen Mut bekommen für diese unsere Gemeinde und Hand anlegen, jeder Einzelne. Mach uns bereit zu kühnen und längst nötigen Änderungen, nimm uns das Bedauern über das, was zusammenbricht, weil es keine Kraft mehr hat! Lehre uns, ganz zuversichtlich nach vorn zu denken, immer mit deiner Aufgabe einer brüderlichen Gemeinde vor Augen!

STATT KONSERVENCHRISTENTUM: SALZ UND LICHT

Ihr seid das Salz der Erde. Wenn nun das Salz fade wird, womit soll man es wieder zum Salzen bringen? Es wird hinfort zu nichts tauglich sein als dazu, daß man es hinauswirft und es durch die Leute zertreten läßt. Ihr seid das Licht der Welt. Eine Stadt, die oben auf dem Berge liegt, kann nicht verborgen bleiben. Man zündet auch nicht ein Licht an und stellt es unter einen Kübel, sondern man setzt es auf einen Leuchter, dann leuchtet es allen, die im Hause sind. Darum leuchte euer Licht vor den Leuten, damit sie eure guten Taten sehen und euren Vater im Himmel preisen. Matth. 5,13–16

Von der wahren Gemeinde, von der Jüngergemeinde, spricht Jesus in diesen Worten; daß sie für eine Adventsgemeinde passen, das muß sich zeigen. Zunächst scheinen sie nicht zu passen; denn wenn man die Symbolik dieser Zeit, der Adventszeit, ernst nimmt, dann handelt es sich doch um eine Zeit, in der wir uns dessen bewußt werden, daß wir nach dem Lichte schreien, und daß wir selbst nicht im Lichte stehen. Wir sind wirklich die Leute, zu denen überraschenderweise Jesus in den Versen vorher die Seligpreisung spricht. Wir rufen als Leute, die den Heiland herunterrufen und aus der Erde herausrufen, wie es in dem Lied heißt, ihn aber nicht bei sich haben. Wir rufen als die geistlich Armen, ja, als die Armen überhaupt in jeder Hinsicht. Wenn heute irgendeine Gruppe von Menschen anfängt, es wieder ein bißchen ernst zu nehmen, was Christsein heißt, dann wird sie sich sofort in diesen ersten Leuten um Jesus herum wieder erkennen:

die gleiche Ratlosigkeit, der gleiche erdrückende Eindruck von Armseligkeit und Aussichtslosigkeit und Bedeutungslosigkeit einer winzigen Randgruppe innerhalb der großen Kirche und erst recht innerhalb der großen Welt. Und wenn die Leute einer solchen Gruppe dann noch dazu an sich selbst erfahren, wie schwach dieser Jesus bei ihnen selbst ist, in mir selbst, in meinem inneren Leben, wieviel stärker die Finsternis in mir ist als sein Licht, dann weiß jeder, was das heißt, eine Gemeinde von geistlich Armen, die sich nicht zu helfen wissen, zu sein. Solche werden selig gepriesen, solchen wird gesagt: Ihr seid Salz der Erde, Licht der Welt, was einfach eine Fortsetzung und eine Auslegung der Seligpreisungen ist, und das ist wahrhaftig überraschend genug. Elly Heuss-Knapp, die Frau unseres ersten Bundespräsidenten, hat manchmal erzählt, welcher Schrekken sie durchfahren habe, als sie mit ihrem Mann vor dem Traualtar stand, und Albert Schweitzer, der sie traute, ihr Freund, ihnen ganz unvorbereitet diese Worte als Trauspruch sagte: *»Ihr seid das Salz der Erde, ihr seid das Licht der Welt«*, und ihnen das auslegte: Eheliches Leben habe den Beruf und die Bestimmung, für andere Menschen Salz und Licht zu sein. Sie fügte dann hinzu, wie tröstlich es ihr gewesen sei, daß Albert Schweitzer unterstrichen habe, es heißt nicht »Ihr sollt sein«, sondern es heißt *»Ihr seid«*. »Ihr sollt sein«, ihr sollt euch selbst zum Salz der Erde und zum Licht der Welt machen – diese Aufgabe, die wir uns setzen, ist es ja, die unsere Verzweiflung hervorruft, die so frustrierend ist, wenn man sich eine solche Revolution zum Ziel setzt: die Revolution einer finsteren Welt zu einer hellen Welt. Dann kann es nicht anders sein, als daß das in tiefer Depression endet. Ihr sollt euch zum Salz der Erde und zum Licht der Welt machen, das wäre Vermessenheit und Verzweiflung zugleich. Aber überraschend ist es dann umso mehr: Ihr seid das Salz der Erde, ihr seid das Licht der Welt. Wir sind's doch wahrhaftig nicht. Was meint er dann? Wie kommt er dazu, nicht nur zu sagen, wie im Johannes-Evangelium: »Ich bin das Licht der Welt«, wozu jeder seiner Jünger, jeder der hindurchschaut durch seine Niedrigkeit als Mensch auf seine göttliche Kraft, Ja sagt. Ja, du bist das Licht der Welt, weil wir dich so erkannt haben, ein Licht, das sonst nirgends scheint, darum sind wir deine Jünger geworden. Aber »Ihr seid das Licht der Welt«, was soll das heißen?

Es heißt ganz sicher nicht: Jesus tritt sein Lichtsein an uns ab. Es heißt ganz sicher nicht: Am Anfang steht dieses eine Licht, dieser eine Mensch Jesus, und dann erbt das die Kirche, und dank ihrer Propaganda breitet sie sich aus über die ganze Welt, und überall hin dringt sie; die große Weltkirche, die wäre dann das Licht der Welt.

Von der Weltkirche kann man ein bißchen etwas Positives und viel Negatives sagen. Ein paar lichte Momente hat sie und viele dunkle Momente. Aber daß sie das Licht der Welt ist, das kann man sicher nicht sagen. Und wo sie sich hat verführen lassen, dies zu meinen, da kam das daher, daß sie angefangen hat, kapitalistisch zu denken, d.h. zu meinen, Licht der Welt sei man dann, wenn man das Licht hat. Dann haben sich die Christen als die Lichtbesitzer gefühlt, als eine Elite von Lichtbesitzern: Wir haben das Licht, und die anderen haben's nicht. Wir haben den Vorteil und die anderen das Nachsehen. Wir stehen oben und die anderen unten. Dies waren dann immer die dunklen Seiten der Kirchengeschichte nach den Maßstäben des Evangeliums. Denn wo Christen so gedacht haben, da haben sie entweder von oben nach unten getreten, als Kolonialherren die Anderen versklavt, als Kreuzzügler die Anderen bekriegt, als Orthodoxe die Anderen als Ketzer verfolgt. Oder sie haben sich als Lichtbesitzer eingeigelt, eingemauert hinter Schutzmauern gegen den Unglauben, aus Angst vor Ansteckung durch die Finsternis, in einem Getto der Frommen und damit das Licht unter den Scheffel gestellt.

Wenn Jesus geistlich arme Leute, einen armseligen Haufen von Jüngern, der sich um ihn gesammelt hat, wenn er diesen Haufen nennt: »Ihr seid das Licht der Welt«, dann bindet er das Armsein und das Lichtsein untrennbar zusammen. Nur, wer das Licht nicht hat, ist Licht. Der Jünger, der sich gar nicht im Besitze des Lichtes weiß, der oft sieht, wie er sich selber und anderen nicht helfen kann, der wohl versteht, daß andere von einem Helfer zum andern, von einem Arzt zum andern, von einem Politiker zum andern laufen in der Hoffnung auf Hilfe, der weiß, daß dort keine Hilfe ist, der weiß, daß bei Jesus Hilfe ist, der am Munde seines Herrn hängt, und der ihn anruft um die Gotteskraft, die in Jesus auf diese Welt gekommen ist, dieser arme, nichts habende Jünger, der es auch nicht unternehmen wird, andere Menschen zu bekehren, weil er genau weiß, daß kein Mensch einen anderen Menschen bekehren kann, sondern daß nur Gottes Geist uns umkehren kann aus der Verliebtheit ins Finstere zur Liebe zum Licht – ein solcher Jünger wird es nicht mehr unternehmen, als ein Lichtbesitzer aufzutreten, der selbst das Licht verwenden kann. Solche bombastischen Kirchenleute, die einem manchmal in den Weg kommen, und denen man es ansieht, daß sie tatsächlich ganz ehrlich davon überzeugt sind: Wir haben das Licht, und die Anderen sind in der Finsternis, und die darum auch leicht bereit sind, den lieben Gott mit Polizei und Paragraphen vor den Einflüssen der Finsternis zu schützen, und die sich besinnen als Theologen, wie man gegen die vielen Vernunftbeweise, die es gegen Gott und das Evangelium gibt, noch bessere Vernunftbeweise auf den Plan führen kann für Gott und das Evangelium – das wären die Lichtbesitzer. Aber der Jünger Jesu, der durch das Evangelium aufgeklärt ist über seine eigene Lage, tritt nicht mehr als Besitzer auf; ein armes Häuflein, das nach der Hilfe Jesu schreit, vor übermenschliche Aufgaben hier auf dieser Erde sich gestellt sieht, das darum nur noch darauf bedacht ist, Menschen auf ihn hinzuweisen und von ihm jeden Tag ein bißchen besser Zeugnis abzulegen, eine Gemeinde, die nicht mehr oben steht und nach unten schaut auf die anderen, sondern eine Gemeinde, die unten steht, die weiß, wir brauchen mehr Sündenvergebung als alle Heiden da draußen, eine solche Gemeinde ist Licht und Salz der Welt. Eine solche Gemeinde unterscheidet sich von den Kollektiven in der Welt, die ja alle danach drängen, an der ersten Stelle zu stehen und andere Kollektive zurückzudrängen. Sie macht nicht mit in dem Konkurrenzkampf der großen und kleinen Kollektive in der Welt und auch nicht mehr mit bei der Selbstgerechtigkeit all dieser Kollektive. Daraus tritt sie aus, das unterscheidet sie von den Kollektiven in der Welt. Wenn sie es wiederholen würde, wie sie es oft getan hat, sich selbst in den Vordergrund zu stellen, selbst nach Macht und Einfluß zu begehren, selbst sich weltlicher Mittel zu bedienen, den Staat und dessen Gewalt in ihren Dienst zu stellen, würde sie überflüssig. Unentbehrlich ist sie gerade als diese an den Rand gedrängte, bedeutungslose gesellschaftliche Gruppe, die nicht mitmacht, was alle machen.

Wenn sie so geworden ist, dann droht die andere Gefahr, vor der Jesus hier warnt. Es kann ja sein, daß man in der Kirche erkennt, wie falsch der Weg der römischen Herrschaftskirche gewesen ist, wie tief unchristlich. Dann wird man bescheiden, dann geht man den anderen Weg, den niedrigen. Dann läßt man sich an den Rand drängen. Dann steht man im Gegensatz zu dem, was alle denken und tun, und macht das nicht mit, macht nicht mehr eine Vereinigung von Christus und Belial, kehrt sich auch nicht mehr daran, was in dieser Welt für wahr und für wissenschaftlich gehalten wird. Man hat die Wahrheit und weiß, wo sie wirklich ist, und dies im kleinen Kreis, den man abmauert, in der Gemeinschaft und im Getto der Frommen.

Salz und Licht, so sagt Jesus, ist der Beruf der Gemeinde. Salz und Licht haben Bedeutung nur durch ihre Funktion, nur indem sie nach außen drängen. Nach außen wirken kann man nur, indem man nach außen geht. In der Welt wirken kann man nur, wenn man sich mit den Dingen der Welt befaßt und sich in die Weltgeschäfte hineinmischt und mit den Weltmenschen in engem Kontakt steht. Vielleicht sind die Kirchenaustritte in ihrer Zunahme ein Signal dafür; es kann sein, daß die große Volkskirche eines Tages in kommender Zeit schließlich zusammenschrumpft auf eine kleine Gemeinde der unentwegten Jünger. Dann steht sie vor dieser Gefahr des Gettochristentums. Als in Osteuropa nach 1945 der Sturm der politischen Entwicklung dort die großen Volkskirchen zerstörte und nur noch kleine Gruppen übrig blieben, Minderheiten von gesellschaftlich ohnmächtigen Christen, da kamen sie in die zweite Gefahr, nicht mehr oben zu stehen und mit Macht nach unten zu treten, sondern am Rande sich einzumauern, um die schlechte Zeit zu überwintern. Das war die große Bedeutung von Josef Hromadka, dem tschechischen Theologen in Prag, daß er die Kirchen im Osten immer auf diese Gefahr hingewiesen hat. Salz und Licht ist der Beruf der Gemeinde, d.h. wie klein und an den Rand gedrängt sie auch sei, nach außen zu wirken. »Die Zeit des Konservenchristentums ist jetzt vorüber, jetzt geht es in die Welt hinein«, so hat Christoph Blumhardt vor 80 Jahren gerufen, und dann wurde er sozialdemokratischer Landtagsabgeordneter in Württemberg, was damals noch viel schlimmer war, als wenn heute ein Pfarrer ein kommunistischer Landtagsabgeordneter wird.

Merkt jetzt aber auch noch die herrliche Verheißung, die dabei steht: Salz und Licht tun ja einen selbstlosen Dienst. Salz und Licht verschwenden sich an ihre Umgebung. Salz und Licht wollen sich nicht selbst erhalten. Salz und Licht wollen auch nicht alles andere zu Salz und Licht machen, sondern wollen das übrige, die Umwelt, durchdringen, damit sie genießbar und hell wird. Die Kirchenchristen haben meistens als Hauptaufgabe angesehen, aus Heiden Christen zu machen. Wenn man Jesu Worte recht bedenkt und auch das Wirken des Apostels Paulus, dann muß man sagen: deren Sorge war nicht, aus Heiden Christen zu machen. Die wußten nämlich, daß wir das überhaupt nicht können. Kein Mensch und keine Kirche kann aus Heiden Christen machen, auch nicht vermittels der heiligen Taufe, die wir heute und seit Jahrhunderten zu diesem Zweck verwenden, aus Heiden Christen zu machen. So haben wir ganze Völker getauft, und die sind natürlich genauso heidnisch geblieben, wie sie vorher gewesen sind. Millionen von Menschen machen wir mit der Taufe aus Heiden zu Christen, und sie bleiben Heiden; denn aus Heiden Christen machen kann allein der Heilige Geist. Jesu und Pauli Sorge ist aber ganz die, aus Christen Menschen zu machen, die für Heiden wichtig sind. Salz und Licht, eine Prise Salz und ein kleines Licht in einem großen, dunklen Raum, was hat das für eine Ausstrahlung! Das ist das Versprechen: daß es allen im Hause leuchtet. Ist das nicht herrlich? Er stellt in Aussicht, eine kleine Randgruppe würde dazu beitragen, ja, vielleicht manchmal ganz allein die Ursache dafür sein, daß dieses schwierige Leben für andere Menschen genießbar und hell wird, daß andere Verhältnisse eintreten, daß den Menschen auf einmal ihre gegenwärtigen Verhältnisse und ihre Maßstäbe scheußlich vorkommen und ihnen einleuchtet die Art, wie diese Christen leben.

Gestern sagte mir ein hervorragender Kenner der alten Geschichte, wie fürchterlich, verelendet und grausam zugleich diese antike Welt gewesen ist, und wie das Auftreten einer Gruppe von Leuten, die nicht wie die Zeloten in Palästina mit Waffengewalt um das Reich Gottes kämpfen wollten, und die die Grausamkeit nicht mehr mitgemacht haben, eine gewaltlose Gruppe der Barmherzigen, der Friedensstifter, der Liebevollen und derer, die hungern und dürsten nach Gerechtigkeit und die ihre eigene Armut eingestehen, ein völliges Novum war. Das kann je und je dazu beitragen, daß auch die Anderen aus ihrer mörderischen Selbstgerechtigkeit herauskommen, aus ihrer Grausamkeit, und neue Regeln des menschlichen Zusammenlebens sich ausdenken, etwas menschlicher werden. Das ist der Beruf der christlichen Gemeinde, und verheißen wird dafür, es werde sich dann ereignen, daß Leute froh sind, daß es in ihrer Mitte ein paar Christen gibt. Nicht, daß diese Leute gleich zu glauben anfangen, daß sie gleich sich bekehren zu dem Vater des christlichen Glaubens und zu Jesus Christus, nein, aber sie sehen das gute Wirken dieser Christen in ihrer Mitte, sie sehen, daß dadurch die Dinge ein bißchen besser werden, daß diese Christen Einfälle haben und vielleicht auch Elan, und daß sie neue Möglichkeiten des Menschseins entdecken, und daß dadurch auch die Phantasie der Heiden und ihre Energie zum Besseren hin etwas gefördert wird. Dann werden ihnen diese Leute lieb, und sie möchten sie nicht mehr entbehren, und wenn sie auch ihren Glauben noch nicht teilen, ist ihnen doch wichtig, daß in ihrer Mitte dies geglaubt wird: Jesus als das Licht der Welt, Gott als der Vater der Menschen, und sie werden über unserem Wirken zu unserer eigenen Überraschung preisen unseren Vater im Himmel. Das ist die Verheißung, die wir auch in der Adventszeit, da wir die Not und unsere eigene Armut so verdeutlicht bekommen durch das Evangelium, ja nicht vergessen, sondern als Trost und Antrieb festhalten wollen.

TAUGEN DIE JÜNGER?

Es werden nicht alle, die zu mir sagen Herr, Herr! in das Reich der Himmel kommen, sondern die den Willen tun meines Vaters in den Himmeln. Viele werden zu mir sagen an jenem Tage: Herr, Herr, haben wir nicht in deinem Namen als Propheten geredet, haben wir nicht in deinem Namen Dämonen ausgetrieben, haben wir nicht in deinem Namen solche große Taten getan? Dann werde ich ihnen bekennen: Ich habe euch noch nie erkannt, geht weg von mir alle, die ihr handelt wider das Gesetz. Matth. 7,21–23

Tag für Tag kommen Tausende von Flüchtlingen aus Ost-Bengalen nach Indien mit seiner ohnehin riesengroßen Armut. Indien kann diese Menschen nicht ernähren. In den Gegenden, in denen große Flüchtlingslager sich befinden, kommen jetzt winterliche Temperaturen um null Grad. Es besteht die Gefahr, daß Millionen zugrunde gehen. Die Regierungen der Welt raffen sich nicht auf zu einer großen Welthilfsaktion, die diesem größten Flüchtlingselend unseres Jahrhunderts gewachsen wäre. Sie wagen nicht, auf die pakistanische Regierung einzuwirken, daß sie die brutale Behandlung des ostpakistanischen Volksteils beendigt. Die Regierungen halten fest an dem Prinzip der Nichteinmischung, das besagt, daß jede Regierung mit einem Teil der Bevölkerung tun kann, was sie will. Daran also gehen Menschen in Massen zugrunde. Und wir werden Adventslieder singen, unvermeidlich Geschenke uns geben zu Weihnachten, nur dank der einen Tatsache, daß diese frierenden Elendsmassen in Schlamm und Hunger nicht um unsere Häuser und um die Jesus-Christus-Kirche herumliegen, sondern viele tausend Kilometer entfernt.

Einmal wird diese geographische Distanz weggefegt sein. Einmal werden diese Verhundernden um uns herumliegen unmittelbar, Auge in Auge. Und einer von ihnen wird schreien: »Was ihr nicht getan habt einem von diesen geringsten meiner Brüder, das habt ihr mir nicht getan.« Einmal werden wir beurteilt werden nach unserem Nichtstun. Dann werden unsere guten Taten wie kleine Baumstämme in einem Meer von Nichtstun schwimmen, und wir werden froh sein wegen dieser paar verstreuten Vorkommnisse. Aber bei den meisten von uns wird das Nichtstun viel viel größer sein als das Tun, und es wird sich dann keiner von uns mehr wundern, wenn der, nach dem wir uns gesehnt haben, im Lichte bei ihm leben zu dürfen, sagt: »Geht weg, ihr wart unbrauchbar, ich mag euch nicht haben.«

Wir sind alle miteinander in tiefer Verlegenheit, wir reichen Christen in unseren Wohlstandsländern, das ostbengalische Beispiel macht es uns nur einmal wieder bewußt. Wir sind so ohnmächtig, was können wir denn tun? Und zugleich, wenn wir ein solches Wort Jesu hören, wird es uns zweifelhaft, ob es uns gelingen wird, uns mit unserer Ohnmacht zu entschuldigen und zu verteidigen, ob wir durchkommen werden damit. Was können wir denn tun? Ich habe etwas Geld eingezahlt an irgendeine Hilfsstelle, ich habe einen Protest unterschrieben, ein paar Flugblätter und Aufklärungsschriften an andere Leute weitergegeben über diese Entsetzlichkeit, – und im übrigen war ich natürlich auch froh, mein Dach über dem Kopf zu haben und ausreichend zu essen zu haben und genug Anlässe, jeden Tag zu lachen und mich meines Lebens zu freuen. Soll das nicht mehr sein dürfen? Soll uns das ganze Leben verdorben sein, weil es anderen Leuten verdorben wird? Sollen wir uns jede Freude verbieten und jeden Genuß, jedes gute Essen und jedes Lachen, weil es andern so viel schlechter geht als uns? Dieser Richter Jesus legt sich wie ein düsterer Schatten, wie eine unerträgliche Last erdrückend auf unser Leben. Und es ist wohl zu verstehen, wenn die einen ihn sich überhaupt vom Leibe halten und mit dieser ganzen Religion, die einem das Leben so ernst macht und so verdirbt, nichts zu tun haben wollen, und die anderen, die doch Christen sein wollen, sich dann lieber halten an den Jesus, der für uns gestorben ist zur Vergebung unserer Sünden, und sich also lieber halten an die Vergebungsworte Jesu als an diese Gerichtsworte.

Aber es ist der gleiche Jesus, der hier zu uns spricht, kein anderer, nicht irgendein unbarmherziger, strenger Weltenrichter, sondern der für uns gestorbene Heiland, der, in dem Gottes Liebe ohne alle Bedingungen zu uns kommt und uns alle umarmt, wie verdorben und verfehlt unser Leben auch sein mag. Der, der den verlorenen Sohn in den Arm nimmt, der steht hier vor uns, der liegt inmitten der Erschlagenen und Gefolterten und Hungernden, dessen Hilferufe sind es, der bittet uns um Hilfe. Und nicht irgendwelche Gerichtsdrohungen eines Weltenrichters werden uns in jener Stunde der Rechenschaft zum Gericht werden, sondern die Hilferufe des dankbar geliebten Jesus, zu dem wir, seine Jünger, doch nicht aus Angst, sondern aus freudiger Liebe »Herr, Herr« sagen. Dieser Jesus bringt uns in diese tiefe Verlegenheit, in den Streit zwischen unserm Ruheverlangen und seinen Hilferufen, auch zwischen unserm guten Willen und der Schwachheit und dem Fehlen der Mittel. Der gleiche Jesus, dessen Vergebung und dessen Sich-Opfern-für-uns uns beruhigt und Frieden bringt in der Angst um unser Leben, dieser gleiche Jesus beunruhigt uns und scheucht uns auf durch seine Hilferufe, die dort in jener Stunde uns zum Gericht werden. Ich weiß auch nichts anderes zu sagen als: es kommt zu allererst jedenfalls darauf an, daß wir uns dem unabgeschwächt aussetzen, dieser Verlegenheit, dieser Beunruhigung, daß wir ja nicht flüchten zu dem Vergebungs-Jesus in der Meinung, damit könnten wir die Beunruhigung unseres Lebens durch Jesus los werden, daß wir der Verlegenheit, der Bedrängnis uns stellen. Vielleicht, daß dann wenigstens herauskommt, daß ein paar Baumstämme von guten Taten mehr in dem Meer des Nichtstuns schwimmen, das uns anklagen will.

Nun ist ja noch etwas anderes in diesen Versen enthalten. Sie sprechen von einer Begegnung mit Jesus, in der unser Leben aufgedeckt vor ihm und auch vor uns liegen wird, auch all das, was wir uns verborgen, verheimlicht, vor uns selbst weggelogen, worüber wir uns getäuscht haben. Alles wird aufgedeckt, alles kommt noch einmal zur Sprache, nichts ist vergessen. Dann wird also unser Nichtstun uns anklagen, außerdem aber auch – das ist das Merkwürdige hier an diesen Worten – bei vielen von uns unser Tun. Das sind ja Leute, die haben kräftig was getan, beneidenswert, mehr wahrscheinlich als jeder von uns hier. Die haben mächtig gewirkt in Jesu Namen, gewaltig gepredigt, denen ist es wirklich gelungen, Dämonen auszutreiben, vor denen wir kapitulieren müßten, die haben eine lange Erfolgsliste aufzuweisen, und viele Leute stehen zur Verfügung, die in der Gerichtsverhandlung für sie Zeugenaussagen machen werden, dankbar, wie sehr ihnen von diesen Leuten geholfen worden ist.

Was genügt Jesus nicht an diesen Leuten? Es muß offenbar etwas Falsches in ihrem Leben gewesen sein, nicht, daß sie nichts getan haben. Es steht also in jener Stunde zur Frage nicht nur, ob wir etwas getan haben, und was wir getan haben – zwei sehr wichtige Fragen –, sondern noch eine dritte: *wie* wir das, was wir getan haben, wirklich getan haben, und dieses »Wie« prägt unsere Taten. Erst an dem Wie werden unsere toten, äußeren Werke zu lebensvermittelnden Taten. Unsere Person steht in Frage; auch wenn wir noch so viel Nützliches werden vorzeigen können, kann es sein, daß wir nicht bestehen werden. Denn »Herr, Herr« sagen, das haben wir gehört, das genügt nicht. Gottesdienste halten, Bibellesen, Theologie mit aller Energie treiben, Mission treiben, ganze Völker christianisieren und auch zu »Herr-Herr-Sagern« machen, einmal am Bußtag über seine Verfehlungen nachdenken, dies alles genügt nicht.

Er will Taten sehen, das ist das Erste! Er will Taten sehen, mit denen der Wille Gottes hier auf Erden realisiert wird.

Aber dann fehlt immer noch etwas. Merkwürdig ist, daß es uns nicht gesagt wird; nur negativ wird uns gesagt: »Herr, Herr« sagen genügt nicht, und in Jesu Namen und in Gottes Namen große Taten tun, genügt auch nicht. Damit wird ein Wust von Selbsttäuschung und Täuschung der Christenheit weggestrichen. In Jesu Namen und in Gottes Namen große Taten tun, genügt nicht. In Jesu und in Gottes Namen sind Taten getan worden, die Gott verabscheut: Kreuzzüge, Inquisition, Zwangsbekehrungen, Ketzerverfolgungen, Glaubenskriege, heiße Kriege, kalte Kriege. In Gottes Namen sind gewaltige Prediger aufgetreten und haben Massen verführt in den Abgrund, Wundertäter haben Jesu Namen als Zaubermittel verwendet und Kranke dadurch tatsächlich geheilt. Ungerechte Gesellschaftssysteme hat man in Gottes Namen gerechtfertigt und die Volksmassen zur Unterwürfigkeit erzogen in Gottes Namen. Eltern haben Kinder tyrannisiert in Gottes Namen, und heute noch werden in Gottes Namen überall Eide geschworen, obwohl Jesus es verboten hat. Gottes Name und Jesu Name wird überhaupt zu allem gebraucht, wo Menschen etwas durchsetzen wollen, im Westen für den Kapitalismus und im Osten trotz des dortigen Atheismus für das, was man dort Sozialismus nennt. Jesu Name und Gottes Name ist das Wehrloseste auf der Welt, jedem Mißbrauch ausgesetzt. Darum hält Jesus zum Mißtrauen an. Er fordert uns auf, mißtrauisch zu sein überall da, wo Gottes Name von Menschen gebraucht wird. Er fordert uns auf, mißtrauisch zu sein gegen uns selbst, ob wir nicht heimlich, vielleicht ganz unbewußt, in Gottes Namen unsere eigenen Interessen durchsetzen wollen, ja, man muß sagen, er wiegelt die übrige Welt hier auf gegen die Christen, gegen seine Jünger. Er sagt: Paßt auf auf diese meine Jünger, fallt nicht gleich auf sie herein, glaubt ihnen nicht aufs Wort, prüft sie, meßt ihre Taten an ihren Worten und ihre Worte an ihren Taten! Es ist nicht alles Gold, was glänzt, und es ist nicht alles christlich, was sich als christlich ausgibt. Es hat mancher schon sein Unternehmen christlich frisiert und seinen Handlungen ein christliches Vorzeichen gegeben, und Jesus sagt: Weg damit! Sage keiner, Mißtrauen sei schlecht und Vertrauen sei gut. Jesus sagt: Hütet euch, paßt auf, prüft!

Aber wir möchten doch gern nicht nur dieses Negative hören, wir müssen ja wissen: Was fehlt denn an manchen Taten, die in Gottes und Jesu Namen getan werden? Diese Stelle hier gibt uns darüber keine Auskunft, aber das ganze Neue Testament darum herum ist reich an Auskunft, worauf es ankommt, und was nicht fehlen darf bei dem, was in Jesu und Gottes Namen getan wird: Ob wir nur uns selbst durchsetzen, zur Geltung bringen, in Ansehen bringen wollen, oder ob es wirklich geschieht zur Ehre Gottes, was man daran sehen kann, ob durch das, was wir tun, Gottes Name und Wirklichkeit den Menschen um uns her gewisser und lieber und erfreulicher wird, ob wir mit dem, was wir tun, heimlich unseren eigenen Gewinn und Vorteil meinen, vielleicht einen ganz subtilen, nämlich unsere Befriedigung, oder ob wir in dem, was wir für andere Menschen tun, diese anderen Menschen schlicht lieb haben, um sie besorgt sind und nicht um uns. »Und wenn ich all mein Vermögen zu

Spenden gäbe und würde Berge versetzen und hätte der Liebe nicht, so wäre es nichts«, sagt Paulus.

Oder weiter: Ob wir uns eigenmächtig halten und christlich, verliebt in unsere Idee, versessen auf unser Programm, dies durchzupauken suchen, oder ob wir vor allen unseren Unternehmungen gehört haben und uns orientiert haben an Jesu Weisungen und also gehorsam sind und nicht eigenmächtig unsere eigenen Meister und Programmierer.

Und weiter: in der Wahl unserer Mittel und Methoden, mit denen wir dann verwirklichen wollen, was nach sorgfältiger Prüfung, nach Hören auf Gottes Stimme sich uns zeigt als gut und im Namen Gottes zu tun. Es kann ja Mittel und Methoden geben, und die Geschichte zeigt es genug, die keineswegs durch den Zweck geheiligt werden, sondern die den Zweck verderben, die alles zerstören, was man mit ihnen Gutes erreichen will, Mittel des Zwanges, der Gewalt, der Manipulation, der Ausnützung der Schwäche und der Unterlegenheit anderer Menschen, dies alles, um sie zu Christen, um sie zu Jüngern Jesu zu machen. Der Test, ob wir auch in der Wahl der Mittel und Methoden in der Sache Jesu gehorsam sind, wird der sein, daß wir Achtung vor der Freiheit anderer Menschen haben, daß wir nur ein freies Ja zu dem Ruf Jesu haben wollen und kein erschlichenes und kein erzwungenes, und daß wir das Wirken des Heiligen Geistes nicht durch unser eigenes Tun ersetzen wollen, sondern nur bescheidene Diener sein wollen für das, was Gottes Geist selbst ausrichten muß. Das sind so einige Fragen an unser Tun, einige Kriterien, die das Neue Testament uns gibt, und in denen es uns andeutet, wonach unser Tun gerichtet werden wird, und ob es dann heißt: Geht weg, ich kann euch nicht brauchen, ich habe euch noch nie brauchen können, all euer Tun war unbrauchbar für das Reich Gottes.

Aber nun noch dies eine: Da spricht derjenige zu uns,

ankündigend sein letztes Sprechen, der leibhaftig unter uns nicht mehr ist, und das heißt: derjenige, der die Sache seinen Jüngern übergeben hat. In Jesu Namen etwas tun, heißt ja, der Sachwalter Jesu zu sein. Allerdings bei einer solchen Stelle, die zeigt, daß ein Riß durch die Gemeinde hindurch geht, die fragt und uns bänglich macht, auf welche Seite von welchen Jüngern wir nun eigentlich gehören, wird uns ja bewußt, was das für eine abenteuerliche Sache ist, daß Jesus seine Sache seinen Jüngern übergeben hat, und das heißt: *uns.*

In diesen Tagen ist mir eine alte Legende berichtet worden: Jesus, nach seiner Himmelfahrt unter den Engelscharen ankommend im Himmel, wird von den ihn begrüßenden Engeln gefragt: »Wie wird es denn nun weitergehen mit deinem Reich. Was hast du für einen Plan?« Darauf weist Er nach unten auf die vom Berg der Himmelfahrt weggehenden Jünger. Darauf die Engel: »Wenn die aber versagen? Was hast du dann für einen Plan?« Darauf Jesus: »Ich habe keinen anderen Plan. Ich bin ganz auf sie angewiesen. Ich habe ihnen meine Sache ganz anvertraut. Sie gehen jetzt hin in meinem Namen, und was wird nun werden?«

Wieder wird Jesus und seine Sache uns zur erdrückenden Last. Dies ist ja doch wohl der Sinn eines Bußtages, und das ostbengalische Beispiel ist genannt, um die Bedrängnis zu verdeutlichen, in der wir uns befinden, hineingebracht durch einen Herrn, der keinen anderen Plan hat, und der uns so viel aufgeladen hat.

Die Legende hat zum Glück eine Grenze. Der, der alles hier auf Erden seinen Jüngern in die Hand gelegt hat, bleibt nicht untätig da droben in seinem Himmel sitzen. »Er ist bei uns wohl auf dem Plan / mit seinem Geist und Gaben.« Darum, gedrängt von ihm, gedrängt von seinen Hilferufen, gedrängt durch eine Verantwortung, die zu groß ist, als daß wir sie tragen könnten, kommen wir zu ihm, nicht um uns wieder beruhigen zu lassen, aber um uns stärken zu lassen. Durch sein Versprechen, bei uns zu sein, durch sein Versprechen, daß das Wegstoßen nicht sein letztes Wort sein wird, durch sein Versprechen, daß er untaugliche Jünger tauglich machen wird, durch sein Versprechen, daß er nicht nur um unsere Hilfe ruft in dem geringsten seiner Brüder, sondern zugleich uns ausrüstet mit gutem Willen, mit Freude an der Sache, mit Freude am Geben, mit Phantasie, mit Gescheitheit und Vernunft, um zu helfen, und uns stärkt mit seiner Vergebung, damit die Verantwortung uns nicht so in Angst versetzt, daß wir überhaupt nichts mehr zu tun wagen, sondern damit wir frisch werden und anfangen wieder neu heute, morgen etwas besser, etwas mehr zu tun, wissend, wir werden vor ihm nicht bestehen in seinem Gericht, aber dankbar, daß er uns in unser Leben einen so großen Sinn, einen so herrlichen Auftrag gegeben hat und selbst bei uns sein will. Das hören wir, um umzukehren und neu uns an seinen Dienst zu begeben.

Wir würden, Herr, nicht wagen, zu dir zu kommen, nachdem dein Wort uns aufgedeckt hat, wer wir sind, wenn du uns nicht bei dir haben wolltest, wenn du nicht wolltest, daß wir kommen, wie wir sind. So kommen wir zu dir, bekennen dir unser Versagen als deine Jünger, gestehen ein, daß deine Sache bei uns in schlechten Händen ist. Wir gestehen dir unsere Eigenliebe, die uns hindert zu opfern, unsere Energielosigkeit, die uns hindert durchzuhalten, unsere Feigheit, die uns hindert herauszutreten, unsere Phantasielosigkeit, die uns hindert, immer neue Wege auszudenken, unsere Unbrüderlichkeit, mit der wir die allein lassen, die etwas Rechtes wagen in deinem Namen. Herr, dein Gericht geht mitten durch deine Gemeinde. Wir sind von ihm getroffen, wir können weiter leben und deine Jünger sein nur, wenn du uns neu deine Vergebung zusagst zugleich mit deinem Ruf, durch Vergebung uns neu in deinen Dienst zu stellen.

Als deine Jünger legen wir nun alle an dein Herz, zu denen du uns sendest, und von denen her du unsere Hilfe anrufst, jetzt vor allem die Flüchtlinge überall auf Erden, in Asien und Afrika, – die Menschen, die für Wahrheit und Recht eingetreten sind und für Freiheit und darum in den Gefängnissen Qualen leiden und hingerichtet und gefoltert werden, – Einsamen, die sich jetzt fragen, ob es nicht besser gewesen wäre, mit den Wölfen zu heulen und nach der Decke sich zu strecken. Die tröste und stärke in ihren Anfechtungen und laß sie Brüderlichkeit und Gemeinschaft und Kameradschaft erfahren auch durch uns! Wir bitten dich, Herr, mach aus deiner Kirche einen Vortrupp, der aufspürt, wo etwas geschehen muß in deinem Namen, und das Rechte findet und mit den rechten Menschen sich verbindet.
Wir danken dir für deine Gnade, aus der wir leben, aus der allein wir tun können, was vor dir bestehen kann, nach der wir verlangen mehr als nach Essen und Trinken. Laß sie uns erfüllen. Herr, erbarme dich unser!

DER GOTT, DER NACH UNS SCHREIT

Wenn aber des Menschen Sohn kommen wird in seiner Herrlichkeit und alle heiligen Engel mit ihm, dann wird er sitzen auf dem Stuhl seiner Herrlichkeit, und werden vor ihm alle Völker versammelt werden. Und er wird sie voneinander scheiden, gleich als ein Hirte die Schafe von den Böcken scheidet und wird die Schafe zu seiner Rechten stellen und die Böcke zur Linken. Da wird dann der König sagen zu denen zu seiner Rechten: Kommt her, ihr Gesegneten meines Vaters, ererbet das Reich, das euch bereitet ist von Anbeginn der Welt! Denn ich bin hungrig gewesen, und ihr habt mich gespeist. Ich bin durstig gewesen, und ihr habt mich getränkt. Ich bin ein Gast gewesen, und ihr habt mich beherbergt. Ich bin nackt gewesen, und ihr habt mich bekleidet. Ich bin krank gewesen, und ihr habt mich besucht. Ich bin gefangen gewesen, und ihr seid zu mir gekommen. Dann werden ihm die Gerechten antworten und sagen: Herr, wann haben wir dich hungrig gesehen und haben dich gespeist? oder durstig und haben dich getränkt? Wann haben wir dich als einen Gast gesehen und beherbergt? oder nackt und haben dich bekleidet? Wann haben wir dich krank oder gefangen gesehen und sind zu dir gekommen? Und der König wird antworten und sagen zu ihnen: Wahrlich ich sage euch: Was ihr getan habt einem unter diesen meinen geringsten Brüdern, das habt ihr mir getan. Dann wird er auch sagen zu denen zur Linken: Gehet hin von mir, ihr Verfluchten, in das ewige Feuer, das bereitet ist dem Teufel und seinen Engeln! Ich bin hungrig gewesen, und ihr habt mich nicht gespeist. Ich bin durstig gewesen, und ihr habt mich nicht getränkt. Ich bin ein Gast gewesen, und ihr habt mich nicht beherbergt. Ich bin nackt gewesen, und ihr habt mich nicht bekleidet. Ich bin krank und gefangen gewesen, und ihr habt mich nicht besucht. Da werden sie ihm auch antworten und sagen: Herr, wann haben wir dich gesehen hungrig oder durstig oder als einen Gast oder nackt oder krank oder gefangen und haben dir nicht gedient? Dann wird er ihnen antworten und sagen: Wahrlich ich sage euch: Was ihr nicht getan habt einem unter diesen Geringsten, das habt ihr mir auch nicht getan. Und sie werden in die ewige Pein gehen, aber die Gerechten in das ewige Leben.

Matth. 25,31–46

Das ist nun alles, was er zu sagen hat, sein letztes Wort. Nachdem er dies gesagt hat, geht er, und es kommt nur noch die Tat –, die Tat, die Leiden heißt: Gethsemane, Geißelung, Golgatha, Austrinken des Leidenskelches bis zum letzten Tropfen. Dies hier ist sein letztes Wort, die Summe seiner Belehrung, sein Vermächtnis an alle Völker, wie es hier heißt, aber inmitten der Völker im besonderen an seine Jünger; denn Matthäus bemerkt ausdrücklich, daß er diese Abschiedsworte und letzten Gleichnisse seinen Jüngern gesagt hat. Vom Standpunkt des Jüngers her also, des Christusbekenners, von dem Standort der christlichen Gemeinde her muß man dieses Gleichnis hören, dann bekommt es seinen deutlichen, aufrüttelnden, scharfen Ton.

Wer ist ein Jünger Jesu? Ein Jünger Jesu ist ein Mensch, der Jesus liebt. Er liebt Jesus, weil Jesus ihm zum Wohltäter seines Lebens geworden ist, weil Jesus ihm all das getan hat, was hier in dem Gleichnis beschrieben ist. Ich war hungrig und wußte nicht, wovon ich noch leben sollte, da kam Er und speiste mich mit göttlichem, lebensspendendem Wort. Ich war durstig, meine Seele war am Verdursten, da kam Er und tränkte mich. Ich lag im Gefängnis meiner Schuld, meiner Dämonen und konnte mich selbst nicht befreien, da kam Er in mein Gefängnis, ließ mich immer wieder Befreiung erfahren und machte mich gewiß, daß ich ganzer Befreiung entgegengehe. Ich mußte erkennen, daß ich nackt bin;

der Flitter meiner Qualitäten, meiner Fähigkeiten und Leistungen konnte meine Blöße und Schande nicht mehr bedecken, da kam Er und kleidete mich mit dem Ehrenkleid seiner Gerechtigkeit. Ich war so krank, daß kein Arzt mir helfen konnte, da kam Er, wurde mir zum Arzt und rettete mein Leben. Vergebung und Leben, Heilung hat Er hereingebracht in mein Leben, und darum singe ich jetzt, wie jener Knecht in dem anderen Gleichnis Jesu, dem eine Millionenschuld erlassen worden ist, der nun aus dem Palast herauskommt mit neu geschenktem Leben: »Mir ist Erbarmung widerfahren, Erbarmung, deren ich nicht wert.«

Das ist ein Jünger Jesu, ein Mensch, dem Jesus zum barmherzigen Samariter seines Lebens geworden ist und der darum Jesus liebt. Nun geht es hier in diesem Gleichnis wie in jenem anderen Gleichnis, auf das ich gerade anspielte, dem Gleichnis vom sogenannten Schalksknecht: Eine Geschichte fängt schön an und endet erschreckend; zur Warnung, daß es mit dem Jüngerweg ein so schreckliches Ende haben kann – nicht haben muß –, erzählt Jesus dieses Gleichnis hier, das sein letztes Wort an seine Jünger ist. Darum ist die zweite Gruppe von Leuten, von denen er hier spricht, so besonders wichtig. Das sind doch offenbar Menschen, die Jesus lieben, ihn bekennen, zu ihm sich rechnen, also seine Jünger, seine Gemeinde auf Erden. In dieser Gemeinde gibt es Menschen, die ihm jetzt sagen müssen: »Herr, ja hätten wir dich gesehen, wir, die wir dich lieben –, ausgeschlossen, daß wir die Gelegenheit hätten vorübergehen lassen, dir unsern Dank mit der Tat zu erweisen. Ausgeschlossen, daß wir dich im Elend hätten liegen lassen; freudig hätten wir diese Gelegenheit ergriffen, wie leid ist es uns, daß du dich so verborgen hast, wie schade, daß du uns kein Zeichen gegeben hast! Du bist selbst schuld daran, wenn wir dir nicht getan haben, was du brauchtest.«

Um uns nicht Gelegenheit zu nachträglichen Vorwürfen zu geben, macht er hier seine Jünger rechtzeitig darauf aufmerksam, in was für seltsamen Verkleidungen und Gestalten Er ihnen gegenwärtig sein wird – und mit ihm Gott selbst. Während wir heute wie zu allen Zeiten diskutieren: Gibt es Gott? Wo ist Er? Wo ist Er zu finden? – gibt Jesus auf diese so langweilig theoretisch verhandelte sogenannte Gottesfrage hier eine Antwort, die so einfach und so anstößig ist, daß wir zurückfahren. Wer ist Gott? Wo ist Gott? Gott ist ein napalmzerfressenes Kind in Vietnam. Gott ist eine Familie aus Ost-Bengalen, die im Monsunregen-Sumpf ihres Lagers verkommt, Gott ist ein vertrottelter Geistesgestörter in einem unserer Heime, der seit Jahrzehnten von keinem seiner Angehörigen besucht worden ist. Gott ist eine alte erniedrigte Nutte in der Bordellstraße einer mexikanischen Stadt. Gott ist das drogensüchtige Mädchen, das wir vor einigen Tagen im Fernsehen schreiben hörten: I need help. I need help! Gott ist ein Geschundener, Gefolterter, hängend in der Papageienschaukel eines brasilianischen Gefängnisses. Gott ist eine ganze Rasse, die ihrer Hautfarbe wegen niedrig gehalten, der die Gleichberechtigung und Freiheit vorenthalten ist. Gott ist der arme Lazarus der Dritten Welt neben den Tischen von uns reichen Christen. Das ist Gott. »Gott in Christus«, wie wir theologisch sagen, das ist Gott in seinen geringsten Brüdern. Gott ist nicht *in* den Kirchen, Gott liegt *vor* den Kirchen und um die Kirchen herum, so daß die Jünger, wenn sie aus den Kirchen herauskommen, über ihn stolpern. Wir sind umgeben von Gott, wo wir gehen und stehen, vom elenden, geschlagenen, hungernden Gott, der nach uns schreit und ruft. Gegen Leute, die damals Christus im Himmel suchten und darum bestritten, daß er im Heiligen Abendmahl gegenwärtig sein könne, hat Luther in einer Predigt gesagt: »Non gaff gen caelum« – gaff nicht zum Himmel –, »hier unten hast dus!« Luther hat das leider selbst zu wenig bedacht, als er seine grausamen Worte gegen die Bauern schrieb. Aber während er und die Theologen seither über das Abendmahl sprachen, ob und wie Christus unter Brot und Wein im Abendmahl gegenwärtig sei, spricht Christus selbst hier von einer anderen Weise seiner Gegenwart, für die das Gegenwärtigsein im heiligen Abendmahl nur ein Zeichen und Hinweis ist oder auch eine Ausrüstung für die Jünger, damit sie dann vom Tisch des Herrn aus aufbrechen hinaus, dorthin, wo der Herr in anderer Weise gegenwärtig ist. Kult, Gottesdienst, Sakrament, Dogma, Lehre, Theologie, mystische Jesusliebe, innige Gottesversunkenheit, das alles hat sein Recht nur als Weise des Aufbruchs hinaus zum gegenwärtigen Christus in den Elendsstätten der Welt, und wenn es nicht dieses Aufbrechen hinaus ist, dann ist es nichts als Selbstgenuß und Selbstsucht und ist verworfen, die beste Theologie und die innigste Jesusliebe verworfen in das Feuer des Gerichts.

»Wir haben dich ja nicht gesehen«, sagen sie zur Entschuldigung und merken nicht, daß ihre Entschuldigung ihnen zur Anklage wird; denn sie haben seine Gegenwart nur gesucht und genossen im Heiligen Abendmahl, im Hören seines Wortes. Sie haben Dome und Kirchen gebaut und Mission getrieben hinaus über die ganze Welt und Völker christianisiert und Theologien aufgestellt und jeden Buchstaben der Bibel aufs genaueste studiert, – und neben ihnen wurde Jesus, den sie lieb haben, in Gefängnislöcher gesteckt, als Leibeigener ausgeplündert, in Uniformen gepreßt und mußte auf Schlachtfeldern verröcheln, in Sklavenschiffen verfrachtet nach Amerika, auf Plantagen gepeitscht, nach Auschwitz deportiert, mit Bomben beworfen und heute durch ein raffiniertes Welthandelssystem, an dem wir reichen Weißen unseren Gewinn haben, dem Verhungern und der Unterernährung preisgegeben. Wenn wir ihn nicht *sehen,* während wir noch so gut unsere Gottesdienste feiern und

unser kirchliches Leben gestalten, dann ist es nicht unsere Entschuldigung, Nichtsehen ist Sünde. Heutige Sünde heißt: Nicht-informiert-sein über Vietnam, Südafrika, Lateinamerika, Dritte Welt, Obdachlosigkeit, das Elend der geistig und körperlich Behinderten in unserer reichen Gesellschaft. Durch dieses Nicht-informiert-sein sich abdecken, damit wir in unserer Ruhe leben können, und sich schützen vor den Konflikten, in die wir geraten, wenn wir uns den Informationen aussetzen, mit unserem eigenen Wunsch nach ruhigem Wohlleben und mit mächtigen Interessen, die uns in sehr schwierige Lagen bringen können. Der geschlagene, gefolterte, hungernde, gefangene Gott neben uns schreit nach unserem Geld und nach unserer Politik, natürlich auch nach unserer Politik. Die Jesus-Lieder in unserem Gesangbuch sprechen eine innige Jesus-Liebe aus. Es gibt wunderbare, christliche Christusmystik, aber nach dem Maßstab dieses Gleichnisses Jesu fehlt ihr eines, die Politik! Denn diese einzelnen Gefangenen, Kranken, Fremdlinge, Fremdarbeiter, Nackte usw., die hier genannt werden, sind ja alle nur Repräsentanten ganzer großer Gruppen, und ihnen zu helfen, heißt nicht nur einen einzelnen gerade herausgreifen, der dann das Glück hat, unsere Hilfe zu bekommen, sondern darauf aus sein, daß allen geholfen wird, und das kann freilich dann auch die Frage zur Folge haben, ob nicht die Ordnungen, die politischen und sozialen, in denen wir leben, solche sind, die, indem sie uns reicher machen, jene arm machen.
Es fällt uns auf, daß all die Nöte Gottes in seinen geringsten Brüdern, die hier aufgezählt werden, lauter leibliche Nöte sind. Die Christenheit hat sich immer lieber um die seelischen und geistlichen Nöte der Menschen gekümmert, ihre Glaubenslosigkeit, ihre religiösen Irrwege, ihre Unmoral. Nun aber, wie ein echter Materialist, sagt Jesus: Die leiblichen Nöte um euch herum werden euch zum Gericht. Wir verstehen das nicht, wir sagen ihm: Wir

dachten doch, daß dein Evangelium uns über das Materielle hinaus erheben will, so daß wir erkennen: Der Mensch lebt nicht vom Brot allein, – so daß wir nicht mehr zuerst beschäftigt sind mit der Frage: »Was werden wir essen, was werden wir trinken, womit werden wir uns kleiden?«, sondern daß wir dieser Frage im Glauben ins Gesicht lachen können, unbesorgt um unser leibliches Wohl. Ja, sagt Jesus: für euch, meine Jünger gilt das; euch will ich unbesorgt machen in allen materiellen Fragen, wenn ihr in meinem Dienst steht. Lacht diesen Fragen ins Gesicht und trachtet am ersten nach dem Reich Gottes! Aber wo ich euch gegenwärtig bin in meinen hungernden und nackten geringsten Brüdern, da ist die materielle Frage die entscheidende, da könnt ihr gar nicht materialistisch genug sein für die anderen. »Mein eigenes Brot«, sagte der christliche russische Denker Nikolai Berdjajew einmal, »mein eigenes Brot ist nur eine materielle Frage, aber das Brot meines Nächsten ist eine geistliche Frage.«

So wird also durch Jesus der soziale Maßstab zum letzten Maßstab. Es ist merkwürdig genug: Wenn heute in der Kirche, vor allem von der jüngeren Generation her, ein praktisches, soziales und politisches Christsein gefordert wird, dann erheben sich fromme Stimmen und warnen vor den Gefahren der Vergesetzlichung, der Werkgerechtigkeit und der Verwechslung von Christentum und Humanismus. Jesus scheint diese Gefahr nicht zu fürchten, nur die umgekehrte Gefahr, daß die Christen vor lauter Christentum und Frömmigkeit nicht humanistisch genug sein könnten. Er fragt nach den praktischen Folgen unseres Glaubens als Folgen für die anderen. Darum zeigt er uns hier ebenso wie im Gleichnis vom Barmherzigen Samariter, daß es dann geschehen kann, daß andere, die nichts von Christus wissen, nichts vom Evangelium hören oder hören wollen, Humanisten, Atheisten, Kommunisten, Anhänger anderer Religionen sich als *sehende* Menschen herausstellen, als Genossen seines Reiches – und Menschen, die viel von Christus wissen, als *blinde* Menschen, unbrauchbar für sein Reich.

Versteht, dieses Gleichnis ist nicht gemeint als Material zum Spekulieren über Jüngstes Gericht, ewige Höllenstrafen usw. Jesus spricht bildhaft, in den Bildern seiner Zeit. Das Gleichnis soll nicht einen Schrecken vor ihm als Richter hervorrufen, wie er im Mittelalter an den Portalen der Kirchen oft dargestellt wurde: Christus als der gestrenge Weltenrichter. Erschreckend wird es zwar wirken auf jeden von uns; denn jeder von uns wird sich ja fragen: Herr bin ich es? Jeder von uns sieht, was dieses Gleichnis verlangt, wie eine ungeheure Aufgabe vor sich. Oft ist es so, daß wir die Augen zuhalten vor der Not um uns her nicht so sehr um unserer Bequemlichkeit willen, sondern mehr noch unter dem Eindruck unserer Ohnmacht, wirklich etwas ändern zu können. Dazu laßt mich noch zweierlei sagen:

1. Woran Jesus hier appelliert, ist nicht die Angst vor dem Gericht. Er will nicht, daß wir anfangen zu kalkulieren mit Lohn und Strafe. Die Leute, die er hier als Genossen seines Reiches anspricht und aufnimmt, die haben ja auch nicht die Kranken besucht und die Gefangenen aufgesucht und die Hungrigen gespeist, weil sie sich damit einen Platz im Himmel erwerben wollten. Sie wußten davon gar nichts. Er will uns nicht dazu verführen, und er will uns nicht erschrecken. Woran er appelliert, ist nicht unsere Angst, sondern unsere Liebe zu ihm. Er spricht zu seinen Jüngern, er will ihnen eine Frage beantworten, die ihnen selbst am Herzen liegt: Wenn du jetzt weggehst, in den Himmel entrückt, 2000 Jahre von uns entfernt, wo können wir dich finden? Diese Frage, eine sehnsüchtige Frage, beantwortet er uns allerdings auf eine uns vielleicht enttäuschende Weise. Hätte er nur gesagt: in der schönen stillen Feier des Heiligen Abendmahls an mei-

nem Tische, – dann wären wir wohl zufrieden gewesen. Aber jetzt spricht er noch von jener anderen Weise seiner Gegenwart. Und merkt wohl, er gibt keine Qualitäten dieser Leute an, in denen er zu finden ist, diese geringsten Brüder, daß die etwa wenigstens Christen sind oder wertvolle Menschen oder in ihrer Armut redlich und fleißig, nein, in den verkommenen, stinkenden und unsympathischen Produkten der Slums, da ist Gottes Gegenwart heute, dort liegt der Maßstab, an dem die Echtheit der Liebe zu Jesus bei seinen Jüngern geprüft wird. An diese unsere Liebe appelliert er, an unsere Dankbarkeit, an unser aufrichtiges und dankbares Uns-Bekennen zu ihm.

2. Den Jüngern ist nicht das Gelingen befohlen, sondern nur der Ernst des Versuchens. Es heißt hier ja nicht: »... und ihr habt mich nicht befreit aus dem Gefängnis ... und ihr habt mich nicht gesund gemacht«. Es heißt nur: Ihr habt mich nicht besucht. Ihr ließt die große Kluft bestehen zwischen eurer Welt und meiner Elendswelt. Ihr seid nicht solidarisch zu mir herübergegangen. Ihr habt vielleicht im Geist ein bißchen an mich gedacht, mitleidig und in Fürbitte für mich, aber ihr seid nicht räumlich, leiblich, materiell mit mir solidarisch geworden, mit mir hier im Elend. Es ist nicht von uns verlangt, den ganzen Ozean von Not auf dieser Erde und in diesem schrecklichen Jahrhundert auszutrocknen. Aber wo wir Ihn finden können, ist uns gesagt, wo wir anfangen können. Nirgends anders können wir Ihn finden als in diesem Ozean der Not. Hier das Unsrige beitragen, diesen Ozean ein winziges Stück vielleicht nur verringern, das heißt Jesus lieben und sein Jünger sein.

Da wir unsere Ohnmacht fühlen, die innere und die äußere, bitten wir dich, Herr, rüste uns aus! Du allein kannst uns ausrüsten mit Kraft und Freiheit und Liebe und Mitteln und Deinem Segen, daß wir dich aufsuchen,

wo du wartest auf uns in deinen und unseren geringsten Brüdern.
Herr Jesus Christus, du Licht der Welt, das in der Finsternis scheint, das von der Finsternis nicht geliebt wird, das die Finsternis überwindet und vertreibt: Wir danken dir, daß deine Kraft in uns Schwachen mächtig sein will. Du verlangst von uns nicht, eine starke, vollkommene Gemeinde zu sein. Du erbarmst dich, machst uns unvollkommene, hilflose Sünder zu Lichtern in der Welt durch deine Gegenwart. Das hast du uns versprochen, das dürfen wir manchmal erfahren. Wir bitten dich, erfülle das an uns! Wir bitten dich das nicht um unsertwillen allein. Du siehst, wie die Welt Licht und Salz nötig hat. Wir möchten es für sie sein. Wir können es von uns aus nicht. Hilf uns Herr, du Licht und Salz!
Als deine betende Gemeinde rufen wir zu dir, rufen dein Licht herbei in die Finsternis des Krieges zwischen Indien und Pakistan, in die unmenschlichen Herzen, die gegeneinander wüten. Hilf zur Menschlichkeit und zum Frieden, Herr! Wir bitten dich für alle Gegenden der Welt, wo Haß aufeinanderprallt, wo Menschen oben stehen und nach unten treten, wo Menschen getreten und übervorteilt, eingesperrt und gefoltert werden. Hilf, Herr, zur Freiheit und hilf, daß deine Gemeinde dort für Frieden, für Freiheit und Recht steht!
Wir danken dir, Herr, für Schritte des Friedens, die in unserm Land und in unserer Stadt geschehen sind, damit Menschen zusammenkommen können und nicht aufeinander schlagen und schießen. Lege deinen Segen auf alle Arbeit für den Frieden!
Wir bitten dich, Herr, für alle, die in der Finsternis unserer Zeit nicht weiter wissen, die dann Wege der Verzweiflung und der Verirrung einschlagen. Wir bitten dich für alle, die sich mit Rauschgift zerstören. Wir bitten dich für alle, die den Kopf an den Mauern einrennen. Wir bitten dich für Ulrike Meinhof und Gudrun Ensslin und ihre Freunde,

die aus Hunger nach Gerechtigkeit in ausweglose Lage, auf einen Weg des Tötens und Getötetwerdens geraten sind. Schaff Rat und hilf ihnen und uns allen heraus aus solchen Sackgassen! Wir bitten dich für alle jungen Menschen, die empört sind über die Unfähigkeit von uns Alten, die Probleme dieser Welt zu sehen und zu bessern. Wir bitten dich, daß wir uns gegenseitig vergeben können und miteinander neu anfangen im Dienst an deiner Welt.
Herr, gib, daß dieser Advent dein Licht nicht umsonst herbeigerufen hat. Laß dein Licht leuchten, Herr, und befreie uns!

V. Das Jenseits ist die Kraft des Diesseits

VERÄNDERTES JENSEITS – VERÄNDERTES DIESSEITS

Und der Herr, nachdem er mit ihnen geredet hatte, wurde erhoben in den Himmel und setzte sich zur Rechten Gottes. Jene aber gingen aus und heroldeten an allen Orten. Und der Herr wirkte mit ihnen und bekräftigte das Wort durch mitfolgende Zeichen. Mark. 16,19–20

Vorgestern, bei der Beerdigung unseres Freundes Harald Poelchau, der vielen Menschen hier in Berlin viel bedeutet hat, erzählte Bischof Scharf in seiner Ansprache, man habe Poelchau in den vergangenen Monaten, als er schon lange sehr leidend gewesen war, oft schweigend, ganz in sich versunken sitzen gesehen, und auf die Frage: »Wo bist du mit deinen Gedanken?« habe er lächelnd geantwortet: »In der Ewigkeit!«

Wohin ist er da gewandert mit seinen Gedanken, in was für eine Ewigkeit? In diese Endlosigkeit der immer weiter rollenden Zeit, in das anfangs- und endlose Nichts, das die Insel unseres Seins umgibt? Hat er die Reise in Gedanken dorthin gemacht, wohin jenes schreckliche, Schrecken erregen wollende Traumgesicht von Jean Paul uns führt, das überschrieben ist: »Die Rede des toten Christus vom Weltgebäude herab, daß kein Gott sei«? Dort spricht der tote Christus: »Ich ging durch die Welten, ich stieg in die Sonnen und flog mit den Milchstraßen durch die Wüsten des Himmels, aber es ist kein Gott. Ich stieg herab, soweit das Sein seine Schatten wirft, und schaute in den Abgrund und rief: Vater, wo bist du! Aber ich hörte nur den ewigen Sturm, den niemand regiert, und als ich aufblickte zur unermeßlichen Welt nach dem göttlichen Auge, starrte sie mich an mit einer leeren, bodenlosen Augenhöhle, und die Ewigkeit lag auf dem Chaos und zernagte es und wiederkäute sich.« Wir hüten uns besser, dorthin unsere Gedanken wandern zu lassen, wo alles nur gelähmt wird, was wir an Lebensfreude und -kraft haben. Wir tun besser, unsere Gedanken hier zu halten, diesseits, in diesem Leben mit seinen Farben und Tönen, mit seinen Jahres- und Lebenszeiten, mit seinen Aufgaben und seinen Erfahrungen. Nach drüben ist die Aussicht uns verrammelt, und das ist gut so; denn was haben wir drüben zu suchen in diesem gähnenden Nichts?

Poelchau hat seine Gedanken gern hinüber gehen lassen. Dann muß er drüben etwas anderes gesehen haben, nicht dieses Erschreckende und Abstoßende. Die Ewigkeit muß sich ihm verwandelt haben aus diesem sich selbst wiederkäuenden Ungeheuer, aus diesem Malstrom, der uns alle verschlingt und endlos ins Nichts hineinfließt, verwandelt haben in ein anziehendes, heimatliches, lebenerfülltes Land. »O du Land des Wesens und der Wahrheit/ unvergänglich für und für/ mich verlangt nach dir und deiner Klarheit/ mich verlangt nach dir!« (Matthias Claudius)

Himmelfahrt spricht von dieser Verwandlung der Ewigkeit, des Himmels aus Abgrund in Heimat, aus Tod in Leben, aus Nacht in Licht. Himmelfahrt antwortet auf die Frage: Wen oder was treffen wir drüben an? Wer oder was ist die letzte Wahrheit, die uns umgibt, und auf die alles hinausläuft? Wer ist Gott? Dieses Nichts, dieses Chaos der ewig sich wiederkäuenden Materie, dieser Strom, der ins Nichts fließt, der uns ausspeit für kurze Zeit und dann wieder verschlingt? Oder ist Gott anders, ein ganz anderer?

In der alten Zeit, als man noch sehr bildhaft redete, da sprach man, um die Wirklichkeit Gottes auszudrücken, von der *rechten Hand Gottes.* Die rechte Hand, die rechte Seite, das ist die Seite des Glücks, die Seite des Lebens. Hat die Ewigkeit eine Lebensseite – oder hat sie nur eine Todesseite? Und wenn die Ewigkeit eine rechte, eine Lebensseite hat, ist sie dann für uns, und sind wir für sie bestimmt? Oder ist die Lebensseite der Ewigkeit nur für andere, glücklichere Lebewesen, nur für irgendwelche anderen, vortrefflicheren Wesen und nicht für mich und für uns bestimmt? Das sind die wichtigsten Fragen unseres Lebens, hinter denen alle anderen Fragen zurücktreten. Als Israel die Bundesverheißungen Gottes hörte, sah es sich auf die Lebensseite gestellt, und wenn es noch so von den schlimmsten Ereignissen, von den grausamsten Feinden auf die linke, die Todesseite gedrängt wurde, ja, wenn es vom Gericht Gottes selbst auf die Todes-, auf die Auschwitz-Seite gedrängt wurde, hielt Israel daran fest, daß ihm die Lebensseite versprochen war, und traute der Lebensseite eine stärkere Kraft zu als allem, was zur Todesseite hin drängte. »Man stößt mich, daß ich fallen soll, aber der Herr hilft mir. Die Rechte des Herrn behält den Sieg, die Rechte des Herrn ist erhöht, die Rechte des Herrn behält den Sieg. Ich werde nicht sterben, sondern leben und des Herrn Werke verkündigen!«

Diese Worte des 118. Psalms sind der Lobgesang gewesen, den nach dem Bericht des Markus-Evangeliums Jesus mit seinen Jüngern nach dem letzten Passahmahl gesprochen hat, bevor sie nach Gethsemane hinausgegangen sind. Nachdem das Markus-Evangelium alles, was da folgt, die Geschichte des Leidens Jesu und das Aufblitzen seiner Auferstehung dargestellt hat, hat ein alter Abschreiber des Markus-Evangeliums, ganz ergriffen von dem, was er da geschrieben hat, diese beiden letzten Verse unseres heutigen Textes angehängt. *»Der Herr, nachdem er mit ihnen geredet hatte, ward aufgehoben in den Himmel und hat sich gesetzt zur Rechten*

Gottes.« Er wollte damit sagen: Jetzt ist das erfüllt, was Jesus im Aufbruch zum Weg nach Gethsemane und Golgatha mit seinen Jüngern gehört und geglaubt und bekannt hat; das ist jetzt an ihm erfüllt worden.
Himmelfahrt ist also ein unsichtbares Geschehen, nicht ein sichtbares, wie es die Maler, die uns überhaupt oft allzu sehr mit Bildern versorgen, gern dargestellt haben. Auf alten Bildern sieht man den Herrn Jesus; die staunenden Jünger stehen da herum und schauen nach oben, und er schwebt nach oben, und auf manchen Bildern sieht man gerade noch seine Füße aus der Wolke hervorgucken. Diese Bilder können bestenfalls als Gleichnis dienen für das unsichtbare Geschehen, das mit Himmelfahrt gemeint ist. Himmelfahrt meint erstens: Dieser Jesus, den alle Welt nur noch auf der Todesseite gesehen hat, ein gescheiterter Prophet, preisgegeben der Gottesfeindschaft und der Gottverlassenheit, dieser Jesus ist durch die Todesseite hindurch auf die Lebensseite geholt worden, und dort bleibt er, und das heißt: Was er verkündigt hat, das gilt in Ewigkeit. Und mehr noch: von der Ewigkeit her ist er lebendig, um dafür zu sorgen, daß das, was er verkündigt hat, gelten wird in Ewigkeit und den Sieg auf Erden behalten wird, und wer ihm nachfolgt, der hat das Ja der Ewigkeit für sich, der hat die Ewigkeit nicht gegen sich, sondern für sich, und selbst, wenn er die Zeit verlieren soll, hat er die Ewigkeit für sich.
Und Himmelfahrt heißt zweitens: Wer uns drüben erwartet, ist nicht ein fremder Gott, und wer über uns waltet, ist nicht ein blindes oder grausames Schicksal, und wen wir drüben finden, ist nicht ein toter Christus, ein Totenschädel mehr unter den Millionen Totenschädeln, sondern unser lebendiger Bruder, er, der mit uns schwachen und ratlosen und mörderischen Menschen am Tisch gesessen hat, der, der es nicht besser hat haben wollen als wir zum Tode Verurteilten, der sich in unser Grab gelegt hat, und der sich für uns, die Untauglichen, erklärt hat. Ihn treffen

wir an, unseren Bruder, und er wird sorgen dafür, daß wir nicht zum Abfall der Vergänglichkeit gehören. »Quod umquam assumpsit, numquam deponit« – ein herrlicher Spruch der alten Theologen: »Was er einmal angenommen hat, das legt er nicht wieder ab.« Das ist die Bedeutung von Himmelfahrt. Die Menschheit hat er angenommen, uns hat er angenommen, und uns legt er nicht wieder ab in die Mülltonne des Abfalls, in der in Samuel Becketts »Endspiel« die zwei Menschen stecken. Und uns stößt er nicht weg, damit man uns verscharrt als die Untauglichen, die man im Himmel nicht brauchen kann. Zu uns hat er sich bekannt, für uns leidet er und regiert er hinter allen Geschehnissen, ein verborgener Herr, der die Dinge und die Fäden leitet, so daß die Sache des Menschen, für die er steht, nicht verloren wird. Er wartet als der neue Mensch auf uns, unser Bruder. Das verwandelt die Ewigkeit. Da hinüber zu gehen in Gedanken, das ist die neue, die freudige Möglichkeit. »O Ewigkeit, du schöne/ mein Herz an dich gewöhne./ Mein Heim ist nicht in dieser Zeit.«

Aber nun, nachdem er diesen Vers geschrieben hat, schreibt der alte Abschreiber noch einen zweiten Vers. Nachdem er nach oben, nach vorwärts geblickt, Jesus nach, in die durch Jesus verwandelte Ewigkeit, schaut er jetzt wieder herunter auf die Erde. Da stellt sich ihm heraus: Wenn die Ewigkeit verwandelt ist, dann ist auch die Zeit verwandelt. Wenn der Himmel sich ändert, dann ändert sich auch die Erde. Wenn die Ewigkeit ein Nichts ist, dann wird auch die Zeit zunichte. Aber wenn die Ewigkeit Leben ist, dann wird auch die Zeit voll von Leben, sinnvoll erfülltes Leben. Dann wird für die Jünger, indem ihnen der Himmel wichtig wurde, die Erde wichtig, und in ihrem Vokabular wie in ihrem Handeln kommt jetzt auch die Erde vor. *»Jene aber gingen hinaus und heroldeten«* habe ich übersetzt; Luther übersetzt *»predigten an allen Orten«.* Predigen, das ist ein altmodisches Wort, das klingt, als wären sie alle zu Pfarrern geworden. Aber sie wurden zu Herolden. Ein Herold ist ein Mann, der einem heranrückenden König voranläuft und den Leuten ankündigt: Jetzt kommt ein neuer Herr, eine neue Regierung, neue Möglichkeiten. *»Rechte Gottes«* – das heißt ja: Regierung, Herrschaft Gottes. Herrschaft Gottes wird also jetzt zum Siege kommen, angekündigt durch diese Leute, dafür sind sie Herolde, dafür gehen sie hinaus in die Welt. Sie ziehen sich also nicht weltflüchtig, himmelssehnsüchtig zurück aus der Welt in ein Kloster, sondern die Welt wird jetzt ihre Aufgabe und ihr Thema vom Himmel her, und in ihrem Reden und Handeln kommen also Vietnam und die Ostverträge ebenso vor wie die ewige Seligkeit und Hunger und Krebs ebenso wie die Sündenvergebung. Die Erde bekommt eine neue Wichtigkeit für sie. Herolde sind sie nicht nur mit Predigen – ja, manchmal vielleicht leider nur mit Predigen –, aber dann sind sie noch keine rechten Herolde. Rechte Herolde sind sie mit dem ganzen Zeugnis ihres Lebens, ihrer ganzen Existenz, wo nichts ausgelassen wird, weder das Wort noch die Tat, weder der Gottesdienst noch die Politik, und damit werden sie verwickelt in schwere Fragen. Oft werden sie kaum wissen, wie jetzt die rechte Ankündigung der Regierung Jesu Christi in dieser und jener irdischen Frage aussehen muß. Oft werden sie darum untereinander in Streit geraten, oft werden sie Prügel bekommen von der einen Seite oder von allen Seiten. Sie werden leiden an der Unsichtbarkeit ihres Herrn, und sie werden oft genug dastehen wie Narren, die für eine verlorene Sache eintreten, wohlgemerkt für die Sache Gottes, die die Sache der Menschen ist, wie denn heute jemand, der für die Sache der Menschen eintritt in der Zeit von Vietnam und dem Rasseln mit der Atombombe und der möglichen Ermordung der Menschheit, wirklich dasteht wie ein einsamer Narr. Damals, als jener Abschreiber diese Verse anfügte, war diese kleine Gemeinde in einer ebenso grausamen, aussichtslosen, hoffnungslosen Welt, wo die Sache des Menschen überall verraten wurde. Da schreibt er aus tiefer Erfahrung, nicht sich beklagend darüber, daß der Herr aus der Sichtbarkeit in die Unsichtbarkeit getreten ist, sondern mit tiefem Dank und Freude: Wir bekommen ja etwas zu sehen, noch nicht seine Herrschaft und seinen Sieg, der jetzt noch verborgen ist, aber schon Zeichen seines Wirkens. *»Der Herr wirkte mit ihnen und bekräftigte das Wort durch mitfolgende Zeichen.«* Hätten wir diesen unbekannten Christen aus der frühen Christenheit jetzt unter uns, er würde wochenlang nicht fertig werden, zu erzählen von den Zeichen, durch die der Herr mitgewirkt hat, bekräftigend das Wort seiner Zeugen. Durch die Geschichte der Kirche hindurch ist ja viel zu sehen an Versagen und Verrat der Jünger und Ohnmacht des Wortes und Aussichtslosigkeit des Evangeliums; aber doch auch immer wieder treten Menschen auf und bezeugen, Zeichen seien da, mitwirkende, bekräftigende Zeichen. Und klagen wir heute, daß nichts zu sehen sei von der Kraft des Evangeliums, dann würde dieser Christ aus der alten Zeit uns anklagen wegen unserer Unaufmerksamkeit und Undankbarkeit. In unserem Märtyrer-Jahrhundert haben wir mehr als manche anderen Jahrhunderte überwältigende Zeichen der Überwindungskraft des Evangeliums unter dem Galgen und dem Fallbeil und im Kerker bekommen, und daß Menschen bereit werden, für das Leben anderer Menschen das eigene Leben zu wagen, wie Harald Poelchau das getan hat. Das sind doch auch Zeichen. Und die Behütungen und Bewahrungen und überraschenden Geisteswendungen und Lebenshilfen, die wir bekommen haben, das sind Zeichen, mitfolgende und bestärkende. Nicht nach Mirakeln sollen wir ausschauen, sondern die Augen offen haben. Was der Herr wirkt durch sein Wort an Menschen, das wird wieder zum bekräftigenden Zeichen für sein Wort, und so werden wir immer wieder etwas zu sehen bekommen, wie er von oben her, von der Ewigkeit her, von den Rechten Gottes her mitwirkt mit unserm armen Heroldstun, unserm armseligen Zeugnis auf allen Gebieten des Lebens. Daraufhin gehen wir als Menschen, denen von der verwandelten Ewigkeit her auch ihre Zeit verwandelt ist, hinaus als Herolde des regierenden Herrn, dem die Welt und die Zukunft gehört.

Und darum bitten wir dich, du unsichtbarer Herr, erbarme dich unserer Gebundenheit an die Sichtbarkeit, tröste, stärke uns durch sichtbare Zeichen, damit wir um so freudiger werden, hinauszugehen und deiner Sache, deinen geliebten Menschen zu dienen.

NACHWORT

Der Titel dieses Predigtbandes ist ein Kompromiß zwischen dem Wunsche meines Freundes Fritz Bissinger, des Leiters des Chr. Kaiser Verlages, der den jetzigen Untertitel vorschlug, und meinem Wunsche, »Veränderung im Diesseits« als Titel zu nehmen. Beide Vorschläge können Vorurteile wachrufen. Der Untertitel klingt nach bedenklichem Politisieren von der Kanzel, der Obertitel nach Anpassung an eine Mode in der heutigen Theologie. Nur der Inhalt der Predigten selbst kann, wie ich hoffe, diese Vorurteile widerlegen.

Es klafft heute weithin auseinander, was nach meiner Überzeugung untrennbar zusammen gehört: Über viele – besonders jüngere – Prediger wird geklagt, das politisch-soziale Interesse überwuchere bei ihnen die zentrale biblische Freudenbotschaft in einem solchen Maße, daß der Hörer mit einer Menge von Informationen über Zeitprobleme versorgt und mit einem reichlich gesetzlichen Aufruf zu politischem Handeln belastet hinausgehe, aber leer in seinem Herzen, ohne Stärkung für seine eigenen Lebensnöte und Glaubensfragen. Auf der anderen Seite gibt es viele Gottesdienste, in denen sich »Zions Stille« ausbreitet, eine Insel der privaten Erbauung abseits vom Getriebe der Welt, ohne Brückenschlag zu den Fragen, die jeden Teilnehmer mit aller Wucht beanspruchen, sobald er den geweihten Raum verläßt; für sie erhält er bestenfalls eine innere Stärkung, aber keine Weisung, keine Hilfe für die Urteilsbildung und Parteinahme, wie

sie dort draußen unvermeidlich ist. Die Folge ist, daß diese Parteinahme unkritisch geschieht, in bloßer Wiederholung christlicher Lebensregeln, die in früherer Zeit galten, deren Übereinstimmung mit dem Evangelium uns heute aber zweifelhaft sein muß. Vermeintliche Überparteilichkeit der Kirche und politikferne Frömmigkeit sind bei uns landauf, landab mit sehr bestimmter, nämlich konservativer, ja oft auch angstvoll reaktionärer politischer Haltung verbunden, meist ganz automatisch, weil vom Gottesdienst keine Anleitung zum Nachdenken, zur Überprüfung traditioneller Einstellungen ausgeht. Was die eine Predigtweise zu viel an Informationen bietet, das hat die andere zu wenig. Hier will man die Substanz der christlichen Botschaft durch Fernhalten des Politischen retten, dort geht sie im politischen Engagement unter.
Besser, als daß wir uns aneinander ärgern, besser und auch christlicher ist, von einander zu hören, was jeder Seite bei der anderen fehlt, des anderen Last mitzutragen und die Einseitigkeit zu überwinden, die in jedem Falle das Evangelium halbiert. Unleugbar enthält es doch »Zuspruch und Anspruch«, Zuspruch, der für den Anspruch rüstet, und Anspruch, der die neuen Möglichkeiten aussagt, die der Zuspruch eröffnet. Unleugbar umfaßt es den Himmel und die Erde, die Ewigkeit und die Zeit, das Jenseits und das Diesseits. »Das Jenseits ist die Kraft des Diesseits«, lautet ein Wort von Ernst Troeltsch, das Karl Barth über alle theologische Differenz zu Troeltsch hinweg geliebt hat. Immer wieder haben Religionen die Sorge ums Jenseits und die Furcht vor dem Jenseits eingeschärft, oft genug, um Menschen im Diesseits gefügig zu machen und von Veränderungen abzuhalten. Das Evangelium ist die Befreiung von der Sorge ums Jenseits, nicht durch Verkriechen ins Diesseits und Abschirmung gegen die Infragestellung des Diesseits durchs Jenseits, sondern die Kunde von dem Jenseits, das für uns ist, nicht gegen uns, vom Umschlossensein des Diesseits

durch die ewige Liebe, die sich ins Diesseits hereinbegibt – und damit das Diesseits verändert.
So zielt also – kann das bestritten werden? – alles im Evangelium auf Veränderung des Diesseits: Veränderung unserer Situation, also auch Veränderung unseres Tuns, Veränderung innen und außen. Ebenso klar ist die Richtung der Veränderung, die Kennzeichnung der alten Lebensweise, von der weg das Leben sich bewegt hin auf die ebenso deutlich gekennzeichnete neue Lebensweise. Und ebenso klar ist schließlich, daß die Veränderung der Lebensweise, wenn sie ernsthaft im Gange ist, unmöglich sich beschränken kann auf den nächsten, persönlichen Umkreis; sie reicht, soweit unsere Informationen reichen, – soweit unsere Mitschuld reicht, – soweit die Anrufe uns hörbar werden. Predigt ist nicht nur Auslegung eines Textes; Predigt ist Konfrontation einer im Text enthaltenen alten Zeugenstimme mit unserer heutigen Wirklichkeit durch das Medium des Auslegers, der diese Stimme als Teil der heutigen Wirklichkeit hört, hindurch. So darf er, als Medium dienend, nicht Bereiche heutiger Wirklichkeit willkürlich ausklammern. Das isolierte Individuum, an das sich manche Predigt richtet, ist eine eigens für solche Predigt zurechtgemachte Fiktion. Wir wirklichen Hörer sind durch jeden Atemzug mit der ganzen Gesellschaft verbunden. Alle unsere Beziehungen werden von der Botschaft getroffen: Produktion und Konsumtion, Gelderwerb und Geldverwendung, Aktie und Lohn, Pädagogik und Sexualität. Einige dieser Beziehungen kamen in der kirchlichen Verkündigung und Belehrung von jeher als Bereich der Veränderung zur Sprache, andere wurden abgeblendet. Diese Auswahl hatte mit den herrschenden Interessen zu tun. Mit ihr muß Schluß gemacht werden. Mit portugiesischen Napalm- Bomben auf angolesische Dörfer habe ich als Konsument dortiger Agrarerzeugnisse und als Bürger eines NATO- Staates ebenso zu tun wie mit der Kindesmißhandlung in der

nebenan liegenden Etagenwohnung. Sowohl hier wie dort werde ich von der Botschaft unaufhaltsam weitergetrieben, vom Einzelereignis zur Frage nach den Ursachen, – durch die Frage nach den Ursachen zu den größeren Zusammenhängen: unaufhaltsam treibt Jesus seine Jünger mit ihrem veränderten Leben in die Politik. Diese Unaufhaltsamkeit – aufhaltbar nur durch Unaufmerksamkeit und Ungehorsam – wurde, wie die hier vorgelegten Predigten zeigen, an den ausgelegten Texten erfahren; sie kann auf jeder Seite der Bibel erfahren werden.

Darum also ist die Trennung in auseinandergehende Weisen der Predigt widerevangelisch und muß überwunden werden. Veränderung im Diesseits heißt Veränderung im Zusammenhang des realen irdischen Zusammenlebens, also der Gesellschaft, und zwar unaufhaltsame, immer weiterreichende, immer neue Schritte nach sich ziehende Veränderung. Kraft, Weisung und Impuls dazu kommen aus der Veränderung des Jenseits, von dem das Evangelium spricht, aus der neuen Gottesbewegung, die Jesus Christus heißt. Ist er das Zentrum und sind wir die Peripherie, wie kann dann die Peripherie anders verändert werden als vom Zentrum her? Wie kann dann aber die Peripherie verlangen, daß Teile von ihr unverändert bleiben? Der Glaube revolutioniert das Leben. Wo aber Teile des Lebens vor dieser Revolutionierung abgeschirmt werden, da verkümmert der Glaube zur Pflege des inneren Lebens, die religiöse Form des alten unveränderten Egoismus neben dessen vielen anderen Formen. Was haben die anderen davon, daß es in ihrer Mitte Glaubende, Hörer der Botschaft vom Reiche Gottes, von der neuen Gottesbewegung gibt? Das ist die Frage nach den gesellschaftlichen Folgen des Glaubens.

Denn Jesu Verkündigung des Reiches Gottes ist immer unlöslich mit dem Ruf zur Umkehr, zu einer grundlegenden Veränderung von Denken *und* Handeln verbunden, die jetzt und hier geschehen muß. Für den Prediger, der nicht im Allgemeinen stecken bleiben, sondern die Botschaft des Textes aufs heutige Leben beziehen soll, ergibt sich damit die Frage, wie weit er mit der Konkretion gehen soll und darf. Konkretion verlangt Entscheidung, Parteinahme. Wieviel darf der Prediger, dem ja – bei Vermeidung von strafrechtlich verbotener Gottesdienststörung! – keiner widersprechen darf, seine eigene Entscheidung in einer aktuellen Frage kenntlich machen? Sie ist *seine* Antwort auf den Ruf des Evangeliums, die er selbst verantworten muß und den anderen nicht aufnötigen darf. Soweit sich heute andere Gottesdienstformen entwickeln, bei denen Predigt und Aussprache unmittelbar miteinander verbunden sind, bei denen neben dem Pfarrer auch andere Gemeindeglieder die Schriftauslegung übernehmen, und die ein größeres Maß von Information ermöglichen, ist auch der Pfarrer von seinem Redemonopol und dem traditionellen Übergewicht der Amtsautorität entlastet und dadurch freier, im Gottesdienst seine eigene politische Entscheidung kenntlich zu machen, ohne besorgen zu müssen, dies werde als Bevormundung der Gemeinde mißverstanden oder Andersdenkende aus der Kirche vertreiben. Solange das Predigtmonopol des Pfarrers besteht, wird er in jedem Fall unterscheiden müssen zwischen dem, was er auf der Kanzel, und dem, was er unter der Kanzel zu sagen hat. Auf der Kanzel wird er so realitätsnah wie nur möglich aus dem Text die Kriterien und Maßstäbe zu entwickeln haben, von denen Jünger Jesu sich in ihrem politischen Verhalten leiten lassen und vor denen sie ihr politisches Verhalten zu verantworten haben. Unter der Kanzel wird er kundtun, wie seine eigene Antwort in den betreffenden Fragen aussieht, und wird sich den anderen ebenso zur Frage machen, ob sie denn anders antworten können, wie sie auch der Kritik und Belehrung durch die anderen im mutuum colloquium fratrum (im wechselseitigen brüderlichen Gespräch) aussetzen. So habe ich z. B. in der Predigt über Mark. 1,14 f. aus Anlaß der damals anstehenden Entscheidung über die Ostverträge solche Kriterien und Maßstäbe aufgezählt, ohne die Antwort, für die jeder sich selbst – aber eben angesichts dieser Kriterien! – entscheiden muß, vorwegzunehmen. Eine starre Grenze wird hier nicht gezogen werden können; es wird falsche, aber je und je auch notwendige Grenzüberschreitungen geben. Das Evangelium ist nicht unparteilich. Seine Parteilichkeit soll klar werden, soll aber nicht unseren Parteiungen dienstbar gemacht werden. Das ist der schmale Grat, auf dem »politische Predigten«, also alle Predigten sich bewegen.

Wer bis hierher gelesen hat, hat dabei vermutlich immer nur an glaubende Individuen, an individuelle Veränderung gedacht. Das ist die Folge einer individualistischen Auslegungs- und Predigt-Tradition, in der z.B. Leonhard Ragaz mit Recht eine tiefe Erkrankung des Christentums gesehen hat. In der Bibel Alten und Neuen Testamentes hat die neue Gottesbewegung, die auf die Erneuerung der ganzen Menschheit zielt, zum ersten Ergebnis zwei neue soziale Gruppen: Israel und die christliche Gemeinde. Deren neues Sozialleben – und zwar sowohl die neue Weise ihres Zusammenlebens wie die neue Weise ihres Verhaltens zur Umwelt und damit ihrer Einwirkung auf diese – ist neben ihrem Wortzeugnis die Hauptweise ihrer Weitergabe der Gemeinde als Zelle einer veränderten Gesellschaft.

Unvermeidlich geraten wir von daher heute, nach 2000 Jahren Kirchengeschichte, in große Verlegenheiten. Die Gemeinde als neue, verändert lebende und Veränderung bewirkende soziale Gruppe – das ist heute überall, wo es Hören des Evangeliums gibt, eine offene und eine bedrängende Frage. Davon sind auch unsere Gottesdienste betroffen, also auch diese Predigten. Die Institution der Predigt, wie wir sie haben – der halbstündige Monolog eines dafür theologisch ausgebildeten, beruflich freigestellten, mit dem Status eines Beamten versehenen Redners in einer liturgisch gestalteten Zusammenkunft, in der die übrigen Anwesenden die Hörerschaft bilden, die sich nur mit vorformulierten Worten (Liedern und liturgischen Texten) äußern kann – das ist eine Weise der Begegnung heutiger Menschen mit der biblischen Botschaft, die ihre Würde und ihre Wirkung hat, aber zunehmend auch ihre Probleme. Im Nachwort zu meinem Predigtbande »Zuspruch und Anspruch«, Neue Folge (1968) habe ich die mich und viele andere bewegenden Zweifel geäußert, ob diese Form der Gemeinde-Versammlung mit ihrer Zentralstellung heute noch den Dienst tun kann, den man von ihr erwartet. Auch in diesen Predigten wird das angedeutet. Wenn es sich um verändertes Sozialleben nach innen und nach außen handelt, dann wird diese Frage besonders spürbar. Dem Predigtgottesdienst fehlt die Kommunikation der Hörer untereinander. Ihm fehlt durch das Redemonopol des berufenen Predigers diejenige Weise der Verkündigung, die geschehen kann, wenn auch die anderen Gemeindeglieder das Wort ergreifen. Ihm fehlt die Beratung aller Hörer miteinander über die konkreten Lebensfolgen aus dem Gehörten – und zwar die kollektiven ebenso wie die individuellen. Ihm fehlt die Menge der Informationen, die hinter den nur andeutungsweise möglichen Konkretionen des Predigers stehen, und die von den Hörern aus ihrem Lebens- und Kenntnisbereich zu ergänzen, auch zu korrigieren wären. Wo die Predigt aufhört, müßte diese Kommunikation und Beratung anfangen, und zwar jetzt gleich, in der gleichen Versammlung. In dem letzten Gottesdienst, den ich 1972 in Dahlem zu halten hatte, erhob sich nach der Predigt eine Hörerin und sagte, man könne jetzt doch unmöglich nach Hause gehen, ohne sofort beraten zu haben, was wir in der erwähnten Sache – es ging um die Bombardierung nordvietnamesischer Deiche durch amerikanische Flugzeuge – tun könnten, und es blieb daraufhin ein großer Teil der Hörerschaft nach Schluß des Gottesdienstes zur Beratung (für die übrigens unsere älteren Kirchenräume meist wenig geeignet sind) zurück. Danach verlangt eine Predigt, wie sie heute sein soll. Ich sage damit nichts Neues. Gesprächsgottesdienste verschiedener Art sind heute an vielen Orten die Folge solchen unvermeidlichen Verlangens.

Auch der Reichtum des biblischen Wortes verlangt danach. Daß er durch eine Predigt nicht auszuschöpfen ist, erfährt jeder Prediger jedesmal. Bei dem Gleichnis vom Schalksknecht (Matth. 18,23–35) half ich mir, indem ich drei Sonntage nach einander bei ihm blieb und manches dazwischen liegende Echo aufgriff. Aber die Vereinzelung der Hörer ist damit noch nicht überwunden. Kommunikation, erst recht gemeinsame Aktion muß geschehen, wenn die Gemeinde ein handlungsfähiges soziales Subjekt sein soll. Die Meinung, Veränderung des Bewußtseins einzelner Hörer in individuellen Prozessen werde von selbst soziale Veränderungen – in der Gemeinde wie in der Gesellschaft – zur Folge haben, ist idealistisch. Zum gemeinsamen Hören muß gemeinsames Beraten und Handeln hinzutreten – dann entsteht Gemeinde als handlungsfähiges Subjekt, und dann werden in der Gemeinde auch die Einzelnen zu handlungsfähigen Subjekten, wie sie in der Anrede der Predigt ständig vorausgesetzt und gefordert werden, aber durch bloße Anrede eben nicht entstehen können. Unsere Gottesdienste sind noch so, wie die alte Staatskirche sie brauchte. Gemeinde als handlungsfähiges Subjekt war unter den gesellschaftlichen Verhältnissen, die seit Konstantin das kirchliche Leben formten, nicht erwünscht. Zur Veränderung im Diesseits gehört auch unsere Bereitschaft und Phantasie, unser kirchliches Leben so zu verändern, daß es der Entstehung aktionsfähiger christlicher Gruppen günstig wird.

Dann wird es vielerlei geben: heitere Freudenfeste, zu denen alle beitragen, neue Weisen des Abendmahls, in denen sich die Gemeinschaft im Hören und Glauben und Tun ausdrückt, ernste Beratungen mit heftigen Diskussionen, stille Andachten zur Besinnung, politisches Nachtgebet, gregorianischen Gesang, Choräle und neue Rhythmen, Anhören von aktualisierender Schriftauslegung aus dem Munde von Theologen und Laienpredigt, Kindergeschrei und Provokationen von Jugendlichen, Informationsvorträge und Gebetsgemeinschaft, Versammlungen als Auftakt zu Aktionen und Medition über die Grundworte und die Bilder der Botschaft, Zungenreden und vernünftige Erwägungen, Anbetung und Aufgebot – mit »mancherlei Art der Stimmen« (1. Kor. 14,10), mit »mancherlei Gaben« (Röm. 12,6), weil »mancherlei Gnade« (1. Petr. 4,10) zu bedenken und zu betätigen ist.

Wolpadingen, 25. Januar 1973 Helmut Gollwitzer

NACHWEISE

Die Predigten wurden gehalten: S. 7 am Neujahrstag 1970 in St. Blasien. — S. 17 am 5. Juli 1970 (6. Sonntag nach Trinitatis) in Berlin-Dahlem. Zuerst veröffentlicht in: Junge Kirche, Heft 10/1970, 549–555. — S. 28 am 16. April 1972 (Misericordias Domini) in Berlin-Dahlem. — S. 39 am 30. Januar 1972 (Septuagesimae) in Berlin-Dahlem. — S. 49 am 13. Februar 1972 (Estomihi) in Berlin-Dahlem. — S. 59 am 18. Juni 1972 (3. Sonntag nach Trinitatis) in Berlin-Dahlem. — S. 69 am 22. Juni 1969 (3. Sonntag nach Trinitatis) in Berlin-Dahlem. — S. 79 I am 7. Februar 1965 (5. Sonntag nach Epiphanias) in Berlin-Dahlem. II am 14. Februar 1965 (Septuagesimae) in Berlin-Zehlendorf. III am 9. Juni 1965 (Jubilate) in Berlin-Dahlem. Miteinander zuerst veröffentlicht in: Wort und Gemeinde. Probleme und Aufgaben der Praktischen Theologie. Eduard Thurneysen zum 80. Geburtstag, hg. von R. Bohren und M. Geiger, EVZ-Verlag Zürich 1968, 18–36. — S. 104 am 6. Juni 1971 (Trinitatis) in Berlin-Dahlem. Zuerst veröffentlicht in: Junge Kirche, Heft 8/1971, 397–400. — S. 112 am 2. Mai 1971 (Jubilate) in Berlin-Dahlem. — S. 121 am 2. Juli 1972 (5. Sonntag nach Trinitatis) in Berlin-Dahlem. — S. 130 am 9. März 1969 (Sexagesimae) in Berlin-Dahlem. Zuerst veröffentlicht in: Communio Viatorum, Prag, Heft 4/1969, 183 bis 190. — S. 139 am 12. Dezember 1971 (3. Advent) in Berlin-Dahlem. — S. 147 am 17. November 1971 (Buß- und Bettag) in Berlin-Dahlem. — S. 157 am 5. September 1971 (13. Sonntag nach Trinitatis) in Berlin-Dahlem. Zuerst veröffentlicht in: Worte am Sonntag – heute gesagt. Predigten der Gegenwart, hg. von H. Nitschke, Gütersloher Verlagshaus Gerd Mohn, Gütersloh 1973, 114–120. — S. 168 am 11. Mai 1972 (Himmelfahrtstag) in Berlin-Dahlem.

Alle Predigten, zu denen keine vorhergehende Publikation genannt ist, werden hier zum ersten Mal veröffentlicht.

WERKE VON HELMUT GOLLWITZER:

Zuspruch und Anspruch

Neue Folge. Predigten aus den Jahren 1954–1968. 244 Seiten

Was Gollwitzers Predigten so auszeichnet ist ihre unerhörte Einfachheit. In dieser Einfachheit ist die Tiefe der Christusbotschaft beschlossen. Hier wird die Botschaft weder entschärft noch durch metaphysischen Überbau verdeckt, nichts kann ihr Ärgernis aufheben. In diesen Predigten wird der Anspruch Gottes immer zusammen mit seinem Zuspruch als unausweichliche Forderung an die christliche Existenz herangetragen.

Neue Zürcher Zeitung

Erfahrungen mit Weihnachten

(Kaiser Traktate 8) 2. Auflage. 88 Seiten

In allen Predigten geht es um die Verkündigung der Nähe Gottes. Es ist ja die große Gabe, die Gollwitzer geschenkt ist, daß er in gleicher Weise konkret die Lebenssituation, in der wir stehen, und den Einbruch des Helfenden, Wirkenden in unser Leben bezeugen kann. Hier wird etwas vermittelt, was tröstend und aktivierend zugleich ist: es geht um die Wirklichkeit des Lichtes, das aus dem Verborgenen kommt.

Junge Kirche

Krummes Holz – aufrechter Gang

Zur Frage nach dem Sinn des Lebens. 5. Auflage. 388 Seiten

Von allen bisher erschienenen Werken Gollwitzers ist dieses das beste und reifste Buch; geschrieben mit der Leidenschaft eines Fragenden, doch zugleich in der Besonnenheit und Abgewogenheit genauer Formulierungen; verfaßt mit Hingabe an den fernsten Leser, doch zugleich in der unbestechlichen Verantwortung des christlichen Glaubens. Philosophische, dogmatische und biblisch-theologische Probleme werden in einer alle esoterischen Klammern abwerfenden Sprache verständlich und in großer Eindringlichkeit entfaltet.

Professor D. H.-J. Kraus

James H. Cone

Schwarze Theologie

Eine christliche Interpretation der Black-Power-Bewegung. Mit einem Nachwort von Frederick Herzog. Aus dem Amerikanischen. 212 Seiten. In Gemeinschaft mit dem Matthias-Grünewald-Verlag, Mainz

Der Verfasser untersucht das Konzept der Black-Power-Bewegung, ihr Verhältnis zum Christentum, zur Kirche und zur zeitgenössischen amerikanischen Theologie. Sein Ergebnis: Diese Bewegung ist weder Antithese zum Christentum noch Häresie, sondern die Mitte der Botschaft Christi in das Amerika des 20. Jahrhunderts.

Der große Entschluß

James H. Cone

Ich bin der Blues und mein Leben ist ein Spiritual

Eine Interpretation schwarzer Lieder. Mit einem Vorwort von Jürgen Moltmann. Aus dem Amerikanischen. 168 Seiten

Auch dieses Buch atmet die kämpferische Leidenschaft des Wortführers einer »Black Theology«. Cone vertritt u. a. die Auffassung, daß in den Spirituals und Blues nicht die demütige Unterwerfung der Schwarzen unter die Weißen, sondern ihr Kampf um Freiheit und Selbständigkeit zum Ausdruck kommt, daß sie also nicht im Gegensatz zu den heutigen Freiheitsbewegungen stehen, sondern sie vorbereiten und eine reflektierte Form eigenständiger »Schwarzer Theologie« sind.

Briefe aus Saigon '72

Frieden in Vietnam? Herausgegeben und bearbeitet von Wolfgang R. Schmidt unter Mitarbeit von Hannelore Hensle. Mit einem Geleitwort von Helmut Gollwitzer. 148 Seiten

Von den ersten Seiten an werden die stereotypen Muster der Zeitungsmeldungen und der Darstellungen im Fernsehen durchstoßen, hier wird eine Sprache gesprochen, die aufhorchen läßt. Es ist die Sprache der Betroffenen selbst, von Christen und Buddhisten, in Gestalt von Augenzeugenberichten, Interviews, Denkschriften und offenen Briefen.

Jürgen Moltmann

Die Sprache der Befreiung

Predigten und Besinnungen. 160 Seiten

Berufung zur Freiheit, Gott versöhnt und befreit, Die Zukunft Christi und das Ende der Welt, Freude an der Revolution Gottes sind u. a. die Themen dieses Buches. Klare Gedanken, das Ringen um treffende christliche Sprache und der stets ermutigende Inhalt sind Kennzeichen dieser Besinnungen. Zu diesem Band sollte jeder greifen, der sich um einen zeitgemäßen christlichen Lebensstil bemüht.

Technik und Mensch

Trutz Rendtorff

Gott – ein Wort unserer Sprache?

Ein theologischer Essay. (Theologische Existenz heute, Nr. 171) 44 Seiten

Dieser Essay zeigt, inwiefern das Wort Gott in seiner sprachlichen Verwendung die prägnante Zusammenfassung und produktive Bezeichnung derjenigen Grenze ist, an der die Sprache in Glauben übergeführt wird.

Gerhard von Rad

Predigten

168 Seiten

Dieser Band – nach dem Tod Gerhard von Rads herausgegeben – vereinigt 23 Predigten des großen Alttestamentlers, der das Predigen in das Zentrum der Theologie stellte, ohne an die Veröffentlichung eigener Predigten zu denken. Sie umfassen eine Zeitspanne von nahezu 30 Jahren, zwingen zum Mitgehen, zum Mithören, zum Mitdenken, zum Mitdanken und zum Mitbeten.